Brigitta Roth

Wirtschaft und Politik in Zitaten der Welt

Brigitta Roth

WIRTSCHAFT
und
POLITIK
in Zitaten der Welt

Signum

Besuchen Sie uns im Internet unter
www.signumverlag.de

Schutzumschlag: Wolfgang Heinzel
Satz: Fotosatz Völkl, Türkenfeld
gesetzt aus: 10/12,75 Punkt Stempel Garamond
Druck: Jos. C. Huber KG, Garching
Binden: Oldenbourg Buchmanufaktur
Printed in Germany
ISBN 3-85436-365-6

Inhalt

Vorwort

Sie finden in diesem Buch Weisheiten und Erfahrungen von Staatsmännern, Politikern, Wissenschaftlern, Wirtschaftlern, Philosophen, Künstlern über Politik, Wirtschaft und Gesellschaft vom alten Ägypten bis heute; Zitate, Aphorismen, Sentenzen, Sprichwörter und Anekdoten aus allen Teilen der Erde und allen Epochen sowie allen Lebensbereichen wie Wirtschaft, Medien, Wissenschaft, Kunst, Kirche, Kultur, Recht und Familie.
Der Schwerpunkt liegt im 20. und 21. Jahrhundert. Die Auswahl der Zitate sagt nichts über deren Wahrheitsgehalt, sondern wie typisch sie für bestimmte Gedankengänge oder Epochen waren.

»Der Mensch ist für eine freie Existenz gemacht,
und sein innerstes Wesen sehnt sich nach dem Vollkommenen,
Ewigen und Unendlichen als seinem Ursprung und Ziel.«

Matthias Claudius, Vorrede zu Fénélons Werken religiösen Inhalts

Es bleibt die Sehnsucht der Menschen nach dem verlorenen Paradies als Ideal und lässt alle irdischen Gesellschaftsordnungen als Notlösung erscheinen. Die Nation, der Staat erfüllen nur bedingt das Verlangen nach Sicherheit, Einheit, Zugehörigkeit. Die Zeit lenkt die Geschicke mehr als die Klugheit ihrer Führer. Der Wille zur Macht und die Durchsetzung von Interessen als vorherrschendes Prinzip diskreditieren Politik in allen Jahrhunderten über alle Länder hinweg. Gesetze schränken die Freiheit und Entfaltung des Einzelnen ein. Die Wirtschaft als Motor schafft Prosperität, doch nicht zum Wohle aller. Not und Elend, der Kampf der Klassen führen zu Unruhen und Auseinandersetzungen. Natur und Umwelt setzen Grenzen des Handelns. Wie immer die Ansichten und Einsichten auch auseinander gehen, einig ist man sich über Zeit- und Landesgrenzen hinweg: Der universale Frieden als Vision bleibt die Triebfeder allen Strebens, der Welt ein humanes Antlitz zu verleihen, in der alle Menschen sich frei entfalten können und ein friedliches Miteinander in Harmonie mit Tier und Umwelt möglich wird. Die Utopie der Politik bleibt letztlich doch, ein erträgliches Paradies für alle Lebewesen auf dem Planeten zu schaffen.

Ich danke Herrn Dr. Eberhard Puntsch für seine Unterstützung bei dieser Arbeit.

Brigitta Roth

Geleitwort

Wer Wesentliches kurz und prägnant ausdrücken will, der greift gern auf Zitate zurück. Auf wenig Raum bringen sie uns den Kern einer Sache näher. Schon der Volksmund weiß: »Wer Zitate sammelt, schärft den Geist auf Wesentliches.«

Mit ihrer umfangreichen Zitatensammlung zum Themenbereich Wirtschaft und Politik gibt Brigitta Roth einen Überblick über die unterschiedlichsten Lebensbereiche im öffentlichen Leben und in der Wirtschaft. Sie gibt dem Leser damit ein Kompendium an die Hand, das Weisheiten, Anekdoten und Erfahrungen aus den unterschiedlichen Epochen und Kulturen gleichermaßen dokumentiert. Die unterschiedlichen Blickwinkel auf eine Sache spiegeln den Ideenreichtum und die Meinungsvielfalt wider, aus denen wir heute alle schöpfen können. Gerade hier liegt die Bereicherung für den Leser, der die Sammlung gezielt als Nachschlagewerk nutzen oder sich zum Blättern und Schmökern einladen lassen kann. Dabei ermöglichen der umfassende Stichwortkatalog von »A« wie »Afrika« bis »Z« wie »Zukunft« sowie das Autoren- und Quellenverzeichnis die Suche nach Zitaten zu einzelnen Themenbereichen oder von bestimmten Personen.

Es findet sich jedoch nicht nur historisches Gedankengut in dieser Sammlung. Zeitlich liegt der Schwerpunkt der hier zusammengetragenen Zitate auf dem 20. und 21. Jahrhundert und bietet so einen zeitnahen Einblick in die Geschehnisse und Umstände unserer Zeit. Und nicht nur Aussprüche von Beobachtern und Analysten des Politik- und Wirtschaftsbetriebs wurden aufgenommen, manches Bonmot von Politikern und Staatsmännern fand als Zeitzeugnis aus erster Hand Eingang in die Sammlung.

Ich bin mir sicher: Wer den einen oder anderen Gedanken vertiefen will, der wird in diesem Zitatenbuch, das Nachschlagewerk und Lesebuch zugleich ist, den richtigen Anstoß dazu finden.

I. Kapitel

Nation

Gemessen am Frieden ist die Nation nicht mehr das höchste aller Güter.

Willy Brandt

Kein größerer Schaden kann einer Nation zugefügt werden, als wenn man ihr den Nationalcharakter, die Eigenheiten ihres Geistes und ihre Sprache nimmt.

Immanuel Kant

Nur in der eigenen Kraft ruht das Schicksal jeder Nation.

Helmuth Graf von Moltke,
im Reichstag, 1.3.1880

Jede Nation, und vor allem eine geschlagene, braucht ein Symbol, zu dem sie aufblicken kann.

Winston Churchill,
Rede in Dover

Jemand, der seine eigene Nation aufgibt, gibt sich à la longue über zwei, drei Generationen selber auf. Die Leute brauchen den Nationalstaat, sie brauchen eine nationale Identität.

Helmut Schmidt,
Süddeutsche Zeitung, 6.10.2000

Es braucht nur zwei bis drei mutige Menschen, um den Geist einer Nation zu ändern.

Voltaire

Was eine Nation groß macht, sind nicht in erster Linie die großen Männer. Es ist das Format der Mittelmäßigen.

José Ortega y Gasset

Durch feine Spekulationen ist nie der Geist einer Nation geändert worden, aber durch große Beispiele allemal.

Johann Gottfried von Herder,
Literaturfragmente

Ein großes Volk sowie ein selbstständiger Staat wird nicht allein daran erkannt, dass es seine Feinde an den Grenzen abzuwehren wisse. Die Bedingung seiner Existenz ist, dass es dem menschlichen Geiste einen neuen Ausdruck erschaffe, ihn in neuen eigenen Formen ausspreche.

Leopold von Ranke,
Frankreich und Deutschland

Die Nation ist ein sich täglich wiederholendes Plebiszit.

Ernst Renan,
Was ist eine Nation?

Es gilt, das Nationale als etwas Verbindendes zu erhalten, aber als Konfliktquelle zu verstopfen.

Richard Schröder

Wir lernen nichts schwerer, als das Nationelle frei gebrauchen.

Friedrich Hölderlin,
Brief an Kasimir Böhlendorf, 4.12.1801

Für eine Nation ist nur das gut, was aus ihrem eigenen Kern und ihrem eigenen allgemeinen Bedürfnis hervorgeht, ohne Nachäffung einer anderen. Alle Versuche, irgendeine ausländische Neuerung einzuführen, wozu das Bedürfnis nicht im tiefen Kern der eigenen Nation wurzelt, sind daher töricht.

Goethe

Der nationale Wille ist eines der Worte, mit dem die Verschwörer zu allen Zeiten und die Despoten in allen Jahrhunderten den größten Missbrauch getrieben haben.

Alexis Graf von Tocqueville,
Auswahl aus Werken und Briefen

Wenn man in neuester Zeit gar so viel Wesens von der Bewahrung der Nationalitäten macht, so sollte man bedenken, dass das, was die Nationen voneinander unterscheidet, mehr ihre Fehler als ihre Vorzüge sind.

Franz Grillparzer,
Aphorismen, 1838

Jede Nation spottet über die anderen, und alle haben Recht.

Arthur Schopenhauer,
Aphorismen zur Lebensweisheit IV

Jede Nation ist im Ausland hauptsächlich durch ihre Untugenden bekannt.

Joseph Conrad

Jeder erbärmliche Tropf, der nichts in der Welt hat, darauf er stolz sein könnte, ergreift das letzte Mittel, auf die Nation, der er gerade angehört, stolz zu sein.

Arthur Schopenhauer

Volk

Jedes Volk hat die naive Auffassung, Gottes bester Einfall zu sein.

Theodor Heuss

Das Volk ist von Natur aus nicht gewalttätig, sondern friedlich.

Mahatma Gandhi

Das Volk ist das Herz des Landes; man darf es nur rühren, und es quellen Schätze von Uneigennützigkeit, Ergebung und Mut hervor.

Lamartine,
Revolution von 1848

Das Wohl des Volkes soll oberstes Gesetz sein.
Salus populi suprema lex esto.

Cicero,
De legibus III, 3, 8

Jedes Volk hat seine eigene Würde. Sie zu achten, die Würde der großen und der kleinen Völker, gehört zu den Postulaten einer neuen stabilen Weltordnung.

Hans-Dietrich Genscher,
Rede bei der 39. Kommandeurstagung der Bundeswehr am 10.4.2002 in Hannover

Es ist kein Ausdruck im letzten Jahre mehr missbraucht worden als das Wort »Volk«. Jeder hat das darunter verstanden, was gerade in seinen Kram passte, gewöhnlich einen beliebigen Haufen von Individuen, die, für seine Ansicht zu gewinnen, ihm gelungen war.

Otto Graf von Bismarck,
im preußischen Landtag, 21.3.1849

Das Volk hat keine politische Einsicht, aber ein dunkles politisches Gefühl.

Lamartine,
Die Revolution von 1848

Die Erde ist lange verlost. Schlechte Plätze brauchen kluge Völker.

Hans Kasper,
Abel, gib Acht. Das kluge kleine Land

Nicht von umsichtigen Erwägungen werden die Völker geleitet. Sie werden von großen Gefühlen bestimmt.

Leopold von Ranke,
Englische Geschichte

Masse und Kollektiv können in der Tat ohne Wahrheit leben. Sie sind ihrer weder bedürftig noch fähig.

José Ortega y Gasset,
Aufstand der Massen, Vorwort III

Der Völker Herz ist wankelmütig, Fürstin!
Sie lieben die Veränderung. Sie glauben durch eine neue Herrschaft zu gewinnen. (Hiob)

Friedrich Schiller,
Demetrius II, 1

Jedes Volk hat die Regierung, die es verdient.

Joseph de Maistre,
Brief vom 15.8.1811

Wenn das Volk den König fürchtet, so gibt es keinen Aufstand, und wenn der König das Volk fürchtet, keine Unterdrückung.

Antoine Rivarol

Wenn man der Masse schmeicheln will, nennt man sie Volk. Wenn man das Volk regieren will, betrachtet man es als Masse.

Sigmund Graff

Das Volk kann niemals verdorben werden, aber es wird oft irregeführt, und nur dann scheint es das Schlechte zu wollen.

Jean-Jacques Rousseau,
Vom Gesellschaftsvertrag oder Grundlagen des politischen Rechts

Das Volk ist derjenige Teil des Staates, der nicht weiß, was er will.

Georg Wilhelm Friedrich Hegel

Gerne tadelt ja das Volk die Herren. (Pelasgos)

Äschylos,
Die Schutzflehenden 485

Wer durch die Gunst des Volkes zur Macht emporsteigt, muss sich daher bemühen, beliebt zu bleiben.

Niccolò Machiavelli,
Der Fürst

Wer die Gunst des Volkes einbüßt, geht eines bedeutenden Bundesgenossen verlustig.

Erasmus von Rotterdam,
Fürstenerziehung

In einem gesunden Volk gibt es fast immer etwas, worüber man sich nicht einigen kann, und nur dadurch wird die Idee der Einigkeit und die Tendenz zu ihr lebendig erhalten.

Sigmund Graff

Man muss durchaus dem Volk nahe sein, wenn man es recht regieren will.

Pestalozzi,
Ein Schweizer Blatt

Ein unterrichtetes Volk lässt sich leicht regieren.

Friedrich II. von Preußen

Das Volk ist der Tugend fähig, aber nicht der Weisheit.

Joseph Joubert

Das Glück der Masse heißt Zwang.

Sigmund Graff

Unsinn und Wut durchflammt ein Volk weit eh'r als Lieb' und Freude. (Polymetis)

Goethe,
Elpenor II, 2

Völker sind wie die Oliven: Dem leichten Drucke geben sie süßes Öl, dem starken bitteres.

Ludwig Börne

Was auch daraus werde – steh zu deinem Volk!
Es ist dein angeborener Platz.
(Bertha)

Schiller,
Wilhelm Tell III, 2

Die Völker sind wie die Menschen nur in ihrer Jugend gelehrig. Wenn sie altern, werden sie unverbesserlich. Sind die Gebräuche einmal festgelegt und die Vorurteile verwurzelt, wird der Versuch, sie abzuändern, zu einer gefährlichen und vergeblichen Unternehmung. Das Volk erträgt es nicht einmal, dass man seine Übel anfasst, um sie zu entfernen.

Jean-Jacques Rousseau,
Vom Gesellschaftsvertrag oder Grundlagen des politischen Rechts

Man motiviert kein Volk zu Spitzenleistungen, wenn man es jeden Tag madig macht.

Gerhard Schröder

Unglück kann durch andere kommen; aber erniedrigt werden kann ein Volk nur durch seine eigenen Handlungen.

Henry Thomas Buckle

Man suggeriert den Völkern bisweilen, dass sie eine Ehre hätten, um sie von ihren Interessen abzulenken, und umgekehrt.

Sigmund Graff

Große Völker vergessen Leiden, nicht aber Demütigungen.

Winston Churchill

Der kluge Politiker beachtet eher den Unwillen als den Willen des Volkes.

Zarko Petan

Versprecht einem Volk die Steigerung seines Selbstwertgefühls bis ins Übermenschliche, bis zum Himmel hinan, und ihr werdet von ihm sowohl übermenschliche Leistungen wie übermenschliche Leiden fordern können!

Christian Graf von Krockow,
Die Deutschen in ihrem Jahrhundert 1890–1990

Demütigt ein Volk, und ihr werdet in ihm einen militanten Nationalismus wecken, dem kein Preis zu hoch erscheint für die Wiederherstellung seines Selbstwertgefühls, der nationalen Ehre oder wie immer die Umschreibung lauten mag.

Christian Graf von Krockow,
Die Deutschen in ihrem Jahrhundert 1890–1990

Niemals darf ein Mensch, ein Volk wähnen, das Ende sei gekommen. Güterverlust lässt sich ersetzen. Über anderen Verlust tröstet die Zeit. Nur ein Übel ist unheilbar: wenn ein Volk sich selbst aufgibt. Wer das Recht hat und Geduld, für den kommt auch die Zeit.

Goethe

Staat

Der Zweck des Staates ist die Verschönerung des Lebens.

Aristoteles,
Politik 3,9

Der Staat ist die Wirklichkeit der sittlichen Idee.

Hegel,
Philosophie des Rechts

Die einzige gesunde Grundlage eines großen Staates ist der staatliche Egoismus und nicht die Romantik.

Otto Graf von Bismarck

Der Staat ist eine Notverordnung Gottes, um Böses zu verhindern. Man darf ihn nicht mit Gemütswerten behängen.

Gustav Heinemann

Der Staat ist ein Volk, das sich selbst beherrscht.

Immanuel Kant

In dem Staat, wo die Guten nichts voraushaben wollen und die Schlechten nichts voraushaben können, herrscht Frieden und Eintracht.

Aristoteles

Der Staat soll die Grundrechte schützen, aber nicht die Grundwerte prägen.

Helmut Schmidt

Ein großer Staat regiert sich nicht nach Parteienansichten.

Otto Graf von Bismarck

Zu den Wesensmerkmalen eines Staates gehört der Konsens über Werte und Ziele, die Bereitschaft zum Ausgleich von wirtschaftlichen und sozialen Interessen, das Bekenntnis zur Solidarität.

Wolfgang Schäuble,
Deutschland in Europa, in Mutmaßungen über das 21. Jahrhundert

Wenn ich alle diese heutigen Gemeinwesen ringsherum vor meinem Geiste vorbeiziehen lasse, kann ich nichts anderes sehen als die reinste Verschwörung der Reichen, die unter dem Namen und Titel des Staates für ihren eigenen Vorteil tätig sind.

Thomas More,
Utopia II

Der Staat sollte vorzüglich nur für die Ärmeren sorgen. Die Reichen sorgen leider nur zu sehr für sich selbst.

Johann Gottfried Seume,
Apokryphen

Wollt ihr also dem Staat Beständigkeit verleihen? Nähert die äußersten Rangunterschiede einander so weit wie möglich. Duldet weder schwerreiche Leute noch Bettler. Aus dem einen Stand gehen die Helfershelfer der Tyrannen hervor, aus dem anderen die Tyrannen. Der Ausverkauf der öffentlichen Freiheit spielt sich immer unter diesen ab: Der eine kauft, der andere verkauft.

Jean-Jacques Rousseau,
Der Gesellschaftsvertrag II,
Anmerkungen

Die vollkommenste politische Gemeinschaft ist die, in der eine Mittelklasse herrscht, die den beiden anderen Klassen zahlenmäßig überlegen ist.

Aristoteles

Der Staat ist eine Anstalt zum Schutz, nicht zur Versorgung. Helfen sollen die Einzelnen.

Franz Grillparzer,
Zur Lehre vom Staate

Frage nicht, was der Staat für dich tut. Frage, was du für den Staat tust.

John F. Kennedy

Nützliche Unklarheiten in den Staatsverträgen ist eine hohe Kunst.

Charles Maurice
de Talleyrand-Périgord

Der Staat ist für die Menschen da und nicht die Menschen für den Staat. Von der Wissenschaft kann das Gleiche gesagt werden.

Albert Einstein,
Über den Frieden, Mein Weltbild

Weniger Staat bedeutet nicht weniger Lebensqualität und weniger Gerechtigkeit, sondern von beidem mehr.

Alois Glück,
Verantwortung übernehmen

Auch für den Staat kann Wirtschaft nicht die einzige Raison d'être sein.

Marion Gräfin Dönhoff,
Macht und Moral

Der Staat besitzt keine der Tugenden, die er von seinen Staatsbürgern verlangt.

Charles-Louis de Montesquieu

Der Staat ist eben auch nur ein Menschengebilde und kann verlangen, dass wir ein bisschen nachsichtig mit ihm sind.

Ludwig Marcuse

Immerhin hat das den Staat zur Hölle gemacht, dass ihn der Mensch zu seinem Himmel machen wollte.

Friedrich Hölderlin,
Hyperion

Ein Staat, der seinem Namen gerecht wird, hat keine Freunde – nur Interessen.

Charles de Gaulle

Die Haltbarkeit aller Verträge zwischen Großstaaten ist bedingt. Keine große Nation wird je zu bewegen sein, ihr Bestehen auf dem Altar der Vertragstreue zu opfern, wenn sie gezwungen ist, zwischen beiden zu wählen.

Otto Graf von Bismarck,
Gedanken und Erinnerungen

Der Staat ist eine kluge Veranstaltung zum Schutze der Individuen gegeneinander.

Friedrich Nietzsche

Der Staat ist die eiserne Klammer, die der Gesellschaftsprozess erzwingt.

Friedrich Nietzsche

Der moderne Staat ist ein untermenschliches Wesen mit einem riesigen Leib und einem winzigen Kopf, mit einem unstillbaren Hunger nach Geld und Macht und sehr wenig Vernunft, sehr wenig Gewissen, sehr wenig Charakter.

Richard Graf von Coudenhove-Kalergi,
Held und Heiliger

Die Idee des Staates würde vernichtet werden, wenn er die Welt umfassen wollte. Die Staaten sind geistige Wesenheiten, notwendig und in der Idee voneinander verschieden.

Leopold von Ranke

Die Wohltat des Staates besteht darin, dass er der Hort des Rechtes ist.

Jacob Burckhardt

Was sind denn die Staaten mit all ihrer künstlichen, nach außen und nach innen gerichteten Maschinerie und ihren Gewaltmitteln anderes als Vorkehrungen, der grenzenlosen Ungerechtigkeit der Menschen Schranken zu setzen?

Arthur Schopenhauer,
Aphorismen zur Lebensweisheit V, 29

Wer sich in schlechten Zeiten den Staat ins Boot holt, wird ihn in guten Zeiten kaum mehr vom Steuer verdrängen können.

Walter Scheel

Ein kleiner Staat muss heute eine moralische Macht sein, wenn er das Recht zum Fortbestand besitzen will.

Carl Hilty,
Politisches Jahrbuch der Schweizerischen Eidgenossenschaft, 1909

Regierungen sind Segel, das Volk ist Wind, der Staat ist Schiff, die Zeit ist See.

Ludwig Börne,
Fragmente und Aphorismen

Es kommt in einem Staat nicht auf die Gleichheit der Stimmen an, sondern auf ihre Harmonie.

André Gide

Wo nur ein einziger Mann den Staat erhalten kann, ist der Staat in seiner Fäulnis kaum der Erhaltung wert.

Johann Gottfried Seume,
Apokryphen

Vaterland

Wer sein Vaterland nicht kennt, hat keinen Maßstab für fremde Länder.

Goethe

Wollt ihr unser Vaterland kennen und lieben lernen, so reist in fremde Länder!

Ludwig Börne

Wo mir's wohl geht, da ist mein Vaterland.

Aristophanes,
Plutos

Und weil wir dies Land verbessern,
Lieben und beschirmen wir's.
Und das liebste mag's uns scheinen,
So wie andern Völkern ihr's.

Bert Brecht

Vaterlandsliebe ist erweiterte Familienliebe.

Marie von Ebner-Eschenbach,
Aphorismen

Da ihr durch Geburt oder Wahl Bürger eines gemeinsamen Landes seid, hat dieses Land ein Recht, eure Neigung für sich zu beanspruchen.

George Washington,
Abschiedsbotschaft

Ich möchte was darum geben, genau zu wissen, für wen eigentlich die Taten getan worden sind, von denen man öffentlich sagt, sie wären für das Vaterland getan worden.

Georg Christoph Lichtenberg

Heimat

Die wahre Heimat ist eigentlich die Sprache. Sie bestimmt die Sehnsucht danach, und die Entfernung vom Heimischen geht immer durch die Sprache am schnellsten.

Wilhelm von Humboldt,
Brief an eine Freundin, 21.8.1827

Heimat ist für die meisten Menschen etwas, das vor aller Vernunft liegt und nicht beschreibbar ist. Etwas, das mit dem Leben und Sein jedes Heranwachsenden so eng verbunden ist, dass dort die Maßstäbe fürs Leben gesetzt werden.

Marion Gräfin Dönhoff,
Macht und Moral

Am Tage, da ich meinen Pass verlor, entdeckte ich mit achtundfünfzig Jahren, dass man mit seiner Heimat mehr verliert als einen Fleck umgrenzter Erde.

Stefan Zweig,
Erinnerungen

Die Bundesrepublik mit ihrer offenen Gesellschaft und der Möglichkeit, in ihr menschlich und ziemlich frei zu leben, ist ein Staat, an dem mitzuarbeiten und den mitzugestalten sich lohnt – aber Heimat? Heimat kann sie dem, der aus dem Osten kam, nicht sein.

Marion Gräfin Dönhoff,
Macht und Moral

Heimisch in der Welt wird man nur durch Arbeit. Wer nicht arbeitet, ist heimatlos.

Berthold Auerbach,
Das Landhaus am Rhein

Patriotismus

Ein Patriot muss immer bereit sein, sein Land gegen seine eigene Regierung zu verteidigen.

Edward Abbey

Ich wage zu sagen, dass Patriotismus nicht ein kurzer und wütender Ausbruch des Gefühls ist, sondern stille und unerschütterliche Hingabe des ganzen Lebens.

Adlai Stevenson

In Deutschland wählte der Patriotismus die aggressive Form. Die Liebe zum Heimischen kleidete sich in den Hass gegen Fremdes.

Walther Rathenau

Was heißt denn »Sein Vaterland lieben«, und was heißt denn »Patriotisch wirken«? Wenn ein Dichter bemüht war, schädliche Vorurteile zu bekämpfen, engherzige Ansichten zu beseitigen, den Geist seines Volkes aufzuklären, dessen Geschmack zu reinigen und dessen Gesinnungs- und Denkweise zu veredeln – was soll er denn da Besseres tun? Und wie soll er denn da patriotischer wirken?

Goethe,
zu Eckermann, März 1832

Patriotismus heißt für sich selbst sorgen, indem man für sein Land sorgt.

Calvin Coolidge

Der Patriotismus ist die mächtigste Offenbarung der Seele einer Rasse. Er repräsentiert einen kollektiven Beharrungsinstinkt, der sich im Falle nationaler Gefahr an die Stelle des individuellen Erhaltungsinstinkts setzt.

Gustave Le Bon

Was ist Patriotismus anderes als die Liebe zu den guten Dingen, die wir in unserer Kindheit gegessen haben?

Lin Yutang

Eine der großen Attraktionen des Patriotismus: Er erfüllt unsere übelsten Wünsche. In der Person unserer Nation sind wir imstande, durch einen Stellvertreter zu tyrannisieren und zu betrügen. Und dies obendrein mit einem Gefühl, dass wir im Tiefsten tugendhaft sind.

Aldous Huxley,
Geblendet in Gaza

Wie dem Adler der ganze Himmel offen steht, so ist dem tüchtigen Mann die ganze Welt das Vaterland.

Euripides,
Fragmente

Geschichte

Geschichte ist die Lüge, auf die man sich geeinigt hat.

Napoleon I.

Ideale Politik muss eine historische Grundlage haben.

Leopold von Ranke

In der Geschichte ist nicht nur der Erfolg entscheidend, sondern der Geist, aus dem heraus gehandelt wird.

Marion Gräfin Dönhoff

Die Geschichte pflegt ihre Angebote nicht zu wiederholen.

Hans-Dietrich Genscher,
Vorlesung an der Mercator-Universität Duisburg, »Das größere Europa«

In Wahrheit erlaubt uns die Geschichte niemals eine Ruhepause.

Hans-Dietrich Genscher,
Vorlesung anlässlich der Übernahme der Europa-Professur an der Europa-Universität Viadrina, 4.5.1999, Frankfurt/Oder

Wer die Enge seiner Heimat ermessen will, reise. Wer die Enge seiner Zeit ermessen will, studiere Geschichte.

Kurt Tucholsky

Politik ist die Geschichte in Aktion.

Roger Butterfield

Man kann alles von der Weltgeschichte sagen, alles, was der perversesten Phantasie in den Sinn kommen mag, nur eines nicht: dass sie vernünftig sei.

Dostojewski,
Aufzeichnungen aus dem Kellerloch I, 8

Die Welt ist wie ein Strom, der in seinem Bette fortläuft, bald hier, bald da zufällig Sandbänke ansetzt und von diesen wieder zu einem anderen Weg genötigt wird.

Goethe,
zu Riemer, Juni 1807

Geschichte ist freilich allemal Übergang, meistens gleitender, fast unmerklicher Übergang, zuweilen abrupter Bruch, Zäsur, Neubeginn. Jahrhundertwenden und Jahrtausendwenden sind dabei nur willkürliche Markierungen; sie werden mit Böllerschüssen gefeiert, verschwimmen aber im Strom des Geschehens.

Theo Sommer,
Zukunftsvisionen 1899, Zukunftstrends 1999, in »Mutmaßungen über das 21. Jahrhundert«

Die Geschichte ist aus den schlechten Handlungen außerordentlicher Menschen zusammengesetzt.

Thomas B. Macaulay

Die Geschichte ist ein Prozess. Das Motto »Verweile doch, du bist so schön« gilt für sie nicht.

Marion Gräfin Dönhoff,
Macht und Moral

Es mag fünfzig Jahre dauern, bis politische Missgriffe offenkundig werden und ihre letzten Konsequenzen tragen, aber schließlich legt die Geschichte Rechnung für jeden Fehler vor, und sie ist peinlicher dabei als unsere preußische Oberrechnungskammer.

Otto Graf von Bismarck

Politik ist, dass man Gottes Schritt durch die Weltgeschichte hört, dann zuspringt und versucht, einen Zipfel seines Mantels zu fassen.

Otto Graf von Bismarck

In der Tat lässt sich die ganze Weisheit der Weltgeschichte in einen einzigen Satz zusammenfassen: Jeder Staat raubt, so viel er kann. Punktum. Mit Verdauungspausen und Ohnmachtsanfällen, welche man »Frieden« nennt.

Karl Spitteler

Die ganze Weltgeschichte ist ein ewig wiederholter Kampf der Herrschsucht und Freiheit.

Schiller,
Abfall der Niederlande I

Man macht sich nie genug klar, mit wie geringem Personal die Weltgeschichte arbeitet, wenn ihr Geist in Aktion ist.

Ludwig Marcuse,
Argumente und Rezepte, Ein Wörter-Buch für Zeitgenossen

Die Weltgeschichte ist der Fortschritt im Bewusstsein der Freiheit.

Hegel,
Vorlesungen über die Philosophie der Geschichte 2

Alles, was man von der Geschichte sagt, kommt aufs Schlachten und Morden hinaus. Die Ehre und der Ruhm, den sie den Eroberern beilegt, welche meistenteils nur die Henker des Menschengeschlechts waren, bringt den heranwachsenden Jüngling vollends auf den Gedanken, dass Menschenmord das rühmlichste Geschäft und die größte Heldentugend sei.

John Locke,
Gedanken über Erziehung 15

Die Geschichte ist nur ein Gemälde von Verbrechen und Drangsalen. Die Menge unschuldiger und friedlicher Menschen tritt auf diesem ungeheuren Schauplatz fast immer in den Hintergrund. Die Hauptpersonen sind nur ehrgeizige Schurken.

Voltaire,
L'Ingénu 10

Hätte die Weltgeschichte ein Sachregister, wie sie ein Namenregister hat, könnte man sie besser benutzen.

Ludwig Börne,
Fragmente und Aphorismen 14

Der Mantel der Geschichte weht zugunsten derjenigen, die genug Puste haben, die Windrichtung zu bestimmen.

Christa Wolf

Die Parteien und die politische Klasse, die Herrscher der Jetztzeit, haben folglich nur die Wahl, entweder als böse oder als schwache Herrscher in die Chronik einer untergehenden Zivilisation einzugehen.

Antje Vollmer,
Vom Menschenrecht, sich selbst zu schonen

Die wichtigste Lehre aus der Geschichte ist, dass der Mensch nicht sehr viel aus der Geschichte lernt.

Aldous Huxley

Die Geschichte lehrt dauernd, aber sie findet keine Schüler.

Ingeborg Bachmann

Der natürliche Stil der Geschichtsschreibung ist der ironische.

Arthur Schopenhauer

Wer vor der Vergangenheit die Augen verschließt, wird blind für die Gegenwart.

Richard von Weizsäcker

Wer sich seiner Geschichte nicht erinnert, ist verdammt, sie zu wiederholen.

Friedrich Schorlemmer,
Interview ND am 8.5.1990

Erst durch die Geschichte wird ein Volk sich seiner selbst vollständig bewusst.

Arthur Schopenhauer

An die historische Wahrheit kommen eigentlich nur die Dichter heran.

Carl Jakob Burckhardt

Glücklich ist das Volk, dessen Geschichte sich langweilig liest.

Charles-Louis de Montesquieu

Die Weltgeschichte ist auch die Summe dessen, was vermeidbar gewesen wäre.

Konrad Adenauer

Die Historiker sind so etwas wie die Schminkmeister des großen Welttheaters.

John Osborne

Jedes Jahrhundert hat die Tendenz, sich als das fortgeschrittene zu betrachten und alle anderen nur nach seiner Idee abzumessen.

Leopold von Ranke,
Tagebuchblätter

II. Kapitel

Regierung

Ziel einer guten Regierung sollte sein, den Menschen einen ruhigen Verlauf ihres Lebens zu ermöglichen und es der Natur zu vergönnen, ihren eigenen Gesetzen zu folgen.

Tschuang Tse

Welche Regierung die beste sei? Diejenige, die uns lehrt, uns selbst zu regieren.

Goethe,
Maximen und Reflexionen,
Aus Kunst und Altertum, 1826

Diejenige Regierung ist die beste, die sich überflüssig macht.

Wilhelm von Humboldt

Lasst Toren streiten, welche Verfassung die beste sei! Wo am besten regiert wird, dort ist die Verfassung die beste.

Alexander Pope,
Essay über den Menschen 3

Wenn eine Regierung nicht regieren kann, hört sie auf, legitim zu sein, und es hat, wer die Macht, auch das Recht, sie zu stürzen.

Theodor Mommsen,
Römische Geschichte

Wahrscheinlich ist es nicht möglich, von einer idealen Regierung zu träumen. Denn selbst unsere Träume sind auf den Erfahrungsstoff der Wirklichkeit angewiesen, und eine ideale Regierung liegt jenseits menschlicher Erfahrung.

Carl Amery,
Eine kleine Utopie, 1961

Die wahre Regierung muss einem fruchtbaren Sommerregen gleichen, der das trockene Land befeuchtet, ohne dass man ihn hört.

Friedrich Maximilian von Klinger

Die Regierung ist zuerst formelle Ausübung der Gesetze und Aufrechterhaltung derselben. Nach außen hin verfolgt sie den Staatszweck, welcher die Selbstständigkeit der Nation als eine Individualität gegen andere ist. Endlich nach innen hat sie das Wohl des Staates und aller seiner Klassen zu besorgen und ist Verwaltung.

Hegel

Als ich im Weißen Haus mit der Arbeit begann, überraschte mich am allermeisten, dass die Dinge tatsächlich so im Argen lagen, wie ich immer behauptet hatte.

John F. Kennedy, 27.5.1961

Der Regent muss sich in die Lage eines Landmanns oder eines Handwerkers versetzen und sich dann fragen: »Wenn du in dieser Klasse von Menschen geboren wärst, was würdest du von dem Regenten verlangen?«

Friedrich II. von Preußen

Es steht doch im Grundgesetz: Die Richtlinien der Politik bestimme ich. Und auch, was Richtlinien der Politik sind, bestimme ich.

Konrad Adenauer, 1958

Es stört mich nicht, was meine Minister sagen, solange sie tun, was ich ihnen sage.

Margaret Thatcher

Alle Regierungen fordern blinden Glauben, sogar die göttliche.

Friedrich Hebbel

Der Weg, auf dem eine Regierung zugrunde geht, ist der, wenn sie bald dies, bald jenes tut, wenn sie heute etwas zusagt und dies morgen nicht mehr befolgt.

Otto von Bismarck,
im preußischen Landtag, 6.2.1868

Eine Regierung löst keine Probleme, sie lässt sie abklingen.

Ronald Reagan

Eine schwache Regierung ist ein Unglück für jedes Land und eine Gefahr für den Nachbarn.

Helmuth Graf von Moltke

Ein Fürst soll nicht darauf sehen, wie weit, sondern wie wohl er regiere.

König Rudolf I.

Ich stehe hinter jeder Regierung, bei der ich nicht sitzen muss, wenn ich nicht hinter ihr stehe.

Werner Finck

Meine Gegner werfen mir vor, ich stelle die Segel nach dem Winde. Darin besteht ja gerade die Kunst des Segelns!

Otto Graf von Bismarck

Eine Regierungserklärung ist wie eine Speisekarte: Niemand weiß, was nicht alles noch gestrichen wird.

Alberto Sordi

Die Regierung ist ein Chor, dessen Mitglieder am liebsten lauter Solisten wären.

Gerald R. Ford

Eine Regierung, die nichts wert ist, kostet am meisten.

Lothar Schmidt

Regieren

Kein Mensch ist gut genug, einen anderen Menschen ohne dessen Zustimmung zu regieren.

Abraham Lincoln,
Rede in Pretoria, 16.10.1854

Jeder, der sein inneres Selbst nicht zu regieren weiß, regierte gar zu gern des Nachbars Willen. (Erichtho)

Goethe,
Faust 2, II, Pharsalische Felder

Wer sich selbst nicht zügeln kann, ist zum Regieren unfähig.

Konfuzius

Keiner sollte ein Land zu regieren wagen, der es nicht für einige Zeit von außen gesehen hat.

Hermann Josef Abs

Regieret jemand, so sei er sorgfältig.

Römer 12,8

Christoph Martin Wieland auf die Frage, warum ein Erbprinz mit vierzehn Jahren regieren, aber erst mit zwanzig Jahren heiraten dürfe: »Es ist vermutlich leichter, ein Land zu regieren als eine Frau.«

Aus Witze, Fabeln, Anekdoten von
Eberhard Puntsch

Regieren ist die Kunst, Probleme zu schaffen, mit deren Lösung man das Volk in Atem hält.

Ezra Pound

Herrschen ist Unsinn, aber Regieren ist Weisheit. Man herrscht also, weil man nicht regieren kann.

Johann Gottfried Seume,
Apokryphen

Regieren ist keine Sache für Leute von Charakter und Erziehung.

Aristophanes,
Die Ritter V, 191

Es ist schwer, in großen Weltgeschäften ein ruhiges Gewissen zu behalten.

Liselotte von der Pfalz

Regieren besteht nicht darin, Resolutionen zu schreiben und Direktiven zu verteilen; Regieren heißt, die Ausführung der Direktiven zu kontrollieren.

Joseph Stalin,
in McInnes: The Communist Parties of Western Europe

Belehren Sie Ihren Herrn, dass große Staaten sich immer nur mit dem Kopfe und niemals mit dem Herzen regieren lassen!

Napoleon I.,
zum russischen Gesandten

Um die Menschheit zu regieren, darf man sie nicht überschätzen.

Lord Philip Chesterfield

Wer nicht übersehen und überhören kann, taugt nicht zum Regieren.

Kaiser Sigismund

Wer sich nicht zu verstellen versteht, versteht nicht zu regieren.

Ludwig XI.

Ein Regent soll sich vor nichts fleißiger hüten als vor dem geschwinden Antworten.

Friedrich der Weise von Sachsen

Man kann die Welt nicht nach dem Evangelium regieren; denn das hieße die wilden Tiere losbinden.

Martin Luther,
Von weltlicher Obrigkeit

Es gibt Zeiten, wo man liberal regieren muss, und Zeiten, wo man diktatorisch regieren muss. Es wechselt alles.

Otto Graf von Bismarck,
im Reichstag

Regieren heißt entscheiden, wofür Steuereinkünfte ausgegeben werden.

Gore Vidal

Regieren besteht im Festsetzen von Prioritäten.

Harold Wilson

Der Wahn aller Regierenden, vom Minister bis zum Pedell herab, ist, dass das Regieren ein großes Geheimnis sei, welches dem Volke zu seinem Besten verschwiegen werden müsse.

Ludwig Börne,
Kritiken

Die großen und glänzenden Taten, welche das Auge blenden, werden von den Politikern als die Wirkungen großer Pläne hingestellt, obwohl sie gewöhnlich nichts anderes sind als die Wirkungen von Launen und Leidenschaften.

La Rochefoucauld

Wenn ihr wüsstet, mit wie wenig Aufwand von Verstand die Welt regiert wird, so würdet ihr euch wundern.

Papst Julius III.

Wenn aber die Gewaltigen klug sind, so gedeiht die Stadt.

Jesus Sirach 10,3

Wenn der Bürgermeister seine Pflicht tut, werden kaum vier da sein, die ihn mögen.

Martin Luther,
Predigt, 22.8.1529

Stadtentwicklung wird mehr durch Zufall oder Katastrophen bestimmt als durch Planung.

Helmut Jahn,
Architektur für das 21. Jahrhundert,
Mutmaßungen über das 21. Jahrhundert

Parlament

Am faulsten sind die Parlamente, die am stärksten besetzt sind.

Winston Churchill

Geld ist redegewandter als ein Dutzend Abgeordneter.

Aus Dänemark

Zu dem Minimalkonsens der Demokratie gehört unerlässlich die Anerkennung des unabstimmbaren Bereichs der letzten Fragen; das sind Fragen, über die ein Parlament nicht abstimmen darf, von denen es wissen muss, dass es über sie nicht zu befinden hat, über die auch Mehrheitsentscheidungen nicht zulässig sind.

Helmut Schmidt,
Ethos und Recht in Staat
und Gesellschaft

Auf der rechten und linken Seite,
auf dem Berg und in der Mitten
sitzen, stehen sie zum Streite,
all einander ungelitten.
Wenn du dich ans Ganze wendest
und votierest, wie du sinnest,
merke, welchen du entfremdest,
fühle, wen du dir gewinnest!

Goethe,
Nationalversammlung

Staatsmann

Nur wer im eig'nen Hause sich bewährt, stellt auch im Staate wahrhaft seinen Mann. (Kreon)

Sophokles,
Antigone III

Drei besondere Eigenschaften sollte jeder große Staatsmann besitzen: die Fähigkeit, eine Situation richtig zu analysieren; das Vermögen, das, was geschehen muss, klar zu formulieren; schließlich die Kraft, die Bürger von der Notwendigkeit seiner Entscheidung zu überzeugen.

Marion Gräfin Dönhoff,
Mutmaßungen über das 21. Jahrhundert

Es hat nur einen Vorteil, Präsident zu sein – niemand kann dir befehlen, wann du dich hinsetzen musst.

Dwight David Eisenhower,
Observer, 9.8.1953

Der Staatsmann muss seinen Unternehmungen ein gutes Gewissen vorhängen können und braucht dazu die begeisterten Ehrlichen und noch mehr die, welche so zu scheinen vermögen.

Friedrich Nietzsche,
Aus der Zeit des Menschlichen, Allzumenschlichen, Staat, Sozialismus

Es gibt zwei Arten von Präsidenten: Der eine steht über allem, der andere übersteht alles.

Werner Schneyder

Sehr eminente Köpfe jedoch übersehen die Verhältnisse und deren wahrscheinliche Entwicklung in solcher Schnelligkeit und Sicherheit, dass sie, wenn nur noch von einigem Mut unterstützt, dadurch diejenige rasche Entschlossenheit und Festigkeit erlangen, welche sie befähigt, eine bedeutende Rolle in den Welthändel zu spielen.

Arthur Schopenhauer,
Die Welt als Wille und Vorstellung II, 2, 26

Von einem Staatsmann in erster Linie »Konsequenz« zu verlangen, heißt ihm die Freiheit nehmen, sich nach den wechselnden Bedürfnissen des Staates, dem veränderten Verhalten des Auslands oder nach sonstigen wichtigen Gründen zu entscheiden.

Otto Graf von Bismarck,
zu Hermann Hofmann

Staatsmänner sind wie Chirurgen: Ihre Irrtümer sind tödlich.

François Mauriac

Staatsmännische Kunst ist der weise Einsatz individueller Unzulänglichkeiten für das Gemeinwohl.

Abraham Lincoln

Der größte Staatsmann ist derjenige, welcher der humanste ist.

Anselm Feuerbach,
Ein Vermächtnis, Lebensregeln

Ich bin da, um moralisches Gewicht für die Bundesrepublik und für meine Nachfolger zu sammeln.

Theodor Heuss

Mehrheit

Abstimmung: Einrichtung, mittels welcher eine Mehrheit einer Minderheit beweist, dass Widerstand töricht ist.

Ambrose Bierce

Man soll die Stimmen wägen und nicht zählen.
Der Staat muss untergehen, früher oder spät,
wo Mehrheit siegt und Unverstand entscheidet.

Schiller,
Demetrius I

Die Majorität hat viele Herzen,
aber ein Herz hat sie nicht.

Otto Graf von Bismarck

Nichts ist widerwärtiger als die Majorität; denn sie besteht aus wenigen kräftigen Vorgängern, aus Schelmen, die sich akkommodieren, aus Schwachen, die sich assimilieren, und der Masse, die nachtrollt, ohne nur im Mindesten zu wissen, was sie will.

Goethe,
Wilhelm Meisters Wanderjahre II,
Betrachtungen im Sinne der Wanderer

Das pluralistische Prinzip schafft eine neue Art der Unterwerfung des Staates unter die Bedürfnisse seiner Gesellschaft und nötigt ihn, das Wohl des Ganzen um des momentanen Wohlergehens der Mehrheiten willen hintanzustellen.

Gertrud Höhler,
Die Anspruchsgesellschaft

Opposition

Es ist Aufgabe der Opposition, die Regierung abzuschminken, während die Vorstellung läuft.

Jacques Chirac

Das Forum der Opposition ist das Parlament.

Bruno Kreisky

Opposition ist die Kunst, der Regierung so das Bein zu stellen, dass der Wähler als Schiedsrichter darin kein Foul sieht.

Henri Tisot

Opposition ist die Kunst, etwas zu versprechen, was die Regierung nicht halten kann.

Harold Nicolson

Versprechungen einer Opposition sind wie eine Speisekarte ohne Preise.

Otto Galo

Opposition ist die Kunst, so geschickt dagegen zu sein, dass man später dafür sein kann.

Charles Maurice de Talleyrand-Périgord

Selbst eine große Koalition findet immer ihre Opposition.

Thomas Middelhoff,
Die Gesellschaft bewegen,
in Konsens oder Konflikt?

In einem Staate die Opposition zu unterdrücken oder auch nur sie zu hindern, sich zu äußern und zu zeigen ist eine außerordentlich schwer wiegende Sache, nämlich die Ermunterung zum Terrorismus.

André Gide,
Retour de L'USSR IV

Außenpolitik

Die einzige Konstante der Außenpolitik ist die Geografie.

Otto Graf von Bismarck

Außenpolitik wird mehr und mehr zur Außenwirtschaftspolitik.

Wolfgang Schäuble,
Deutschland in Europa, in Mutmaßungen über das 21. Jahrhundert

Prestige nennt man die Daumenschrauben, die man auch einer Weltmacht anlegen kann.

George F. Kennan

Die Weltpolitik ist kein Klub, aus dem man nach Belieben austreten kann.

Edgar Faure

Außenpolitik: Tourismus auf Staatskosten.

Giovannino Guareschi

Wirtschaftspolitik

Politik ist konzentrierte Ökonomik.

Wladimir Iljitsch Lenin

Psychologie ist die Hälfte der Wirtschaftspolitik.

Ludwig Erhard

Tatsächlich und normalerweise gelten neun Zehntel der politischen Tätigkeit den wirtschaftlichen Aufgaben des Augenblicks, der Rest den wirtschaftlichen Aufgaben der Zukunft.

Walther Rathenau,
Kritik der Zeit

Die wirtschaftlichen und die politischen Organisationsstrukturen der Welt passen nicht zusammen. Im Gegensatz zur Wirtschaft, die einen einzigen weltweiten Markt schaffen will, ist die politische Welt nach wie vor in nationale Einheiten gegliedert.

Henry Kissinger,
Amerika bleibt Führungsmacht, in Mutmaßungen über das 21. Jahrhundert

Liberalisierung der Finanzmärkte und Demokratie sind unvereinbar.

Noam Chomsky,
Süddeutsche Zeitung, 10.10.2001

Jede Wirtschafts- und Finanzpolitik muss sich an ihrem Ergebnis auf dem Arbeitsmarkt messen lassen.

Otto Graf Lambsdorff,
Abschiedsinterview aus dem Bundestag

Wirtschaftspolitik wird in der Wirtschaft gemacht.

Otto Graf Lambsdorff

Sozialpolitik

Die Wohltätigkeitsorganisation, die es sich nicht zum Ziel gesetzt hat, überflüssig zu werden, leistet keine wirklichen Dienste. Sie tut nichts weiter, als sich selbst einen Lebensunterhalt zu schaffen und den großen Posten Unproduktivität noch zu erhöhen.

Henry Ford,
Erfolg im Leben

Ihr werdet die Schwachen nicht stärken, indem ihr die Starken schwächt. Ihr werdet denen, die ihren Lebensunterhalt verdienen müssen, nicht helfen, indem ihr die ruiniert, die sie bezahlen.
Ihr werdet mit Sicherheit in Schwierigkeiten kommen, wenn ihr mehr ausgebt, als ihr verdient. Ihr werdet kein Interesse an den öffentlichen Angelegenheiten und keinen Enthusiasmus wecken, wenn ihr dem Einzelnen seine Initiative und seine Freiheit nehmt.
Ihr könnt Menschen nie auf die Dauer helfen, wenn ihr für sie tut, was sie selber für sich tun können.

Abraham Lincoln, 1865

In den formal freien industriellen Gesellschaften des Westens lautet heute die große Entscheidungsfrage, ob sie den selbstständigen oder den sozial betreuten Menschen zum Ziel aller Politik machen.

Helmut Schelsky,
Vortrag vor Freunden der Industriekreditbank Berlin, 1978

Es geht nicht darum, Wohlstand zu verteilen, sondern Chancen.

Arthur H. Vanderberg

Nicht derjenige Staat ist der sozialste, der den höchsten Haushalt für Sozialausgaben hat, sondern allein derjenige, der es nicht nötig hat, für seine Staatsbürger einen hohen Sozialhaushalt auszuwerfen.

Wolfgang Mischnick,
Typisch Mischnick

Der fundamentale Trugschluss in Bezug auf den Wohlfahrtsstaat, welcher sowohl in die Finanzkrise als auch zum Verlust der Freiheit führt, liegt in dem Versuch, Gutes auf Kosten anderer zu tun.

Milton Friedman

Manche Arbeitgeber betrachten die Sozialpolitik als eine Art Rotkreuzstation hinter der Front.

Hermann Rappe

Der Sozialstaat hat Almosen durch Rechtsansprüche ersetzt, auf gesellschaftliche Probleme staatliche Antworten gegeben, ein Fortschritt ohne Zweifel. Dies hatte aber zur Konsequenz, dass im Laufe der Zeit Solidarität immer mehr als Rechte und Ansprüche verstanden und der Staat reflexartig zum Erlöser von allen sozialen Übeln angerufen wurde.

Warnfried Dettling,
Rettet den rheinischen Kapitalismus, in Mutmaßungen über das 21. Jahrhundert

Der eigentliche Kerngehalt des Sozialstaats – die Solidarität mit den unverschuldet in Not Geratenen – kann nur bewahrt werden, wenn die Degenerationen des Umverteilungsstaates zurückgeschnitten werden.

Heinrich von Pierer,
Globale Herausforderungen erfordern eine erweiterte Perspektive

Ganze Schichten unserer Bevölkerung wurden in einen Zustand erwartungsvoller, kindergleicher Hilflosigkeit hineingehätschelt. Etwas für andere zu tun wurde zu einem regelrechten Beruf. Das erzeugte im Volk alles andere, nur kein Selbstvertrauen, und war weit davon entfernt, die Zustände zu bessern, aus denen die angebliche Hilfsbedürftigkeit entsprang.

Henry Ford,
Erfolg im Leben

Sowie die menschliche Hilfsbereitschaft systematisiert, organisiert, kommerzialisiert und professionalisiert wird, stirbt ihr Herz, und sie wird eine kalte, nutzlose Sache.

Henry Ford,
Erfolg im Leben

Gelebte Solidarität ist das Fundament des menschlichen Miteinanders, des lebendigen Sozialstaates. Diese Solidarität konkretisiert sich im persönlichen Verhalten, in der sozialen Verantwortung und in der finanziellen Hilfe der Stärkeren für die Schwachen.

Alois Glück,
Verantwortung übernehmen

Der Sozialstaat hat eine Unmenge von Mechanismen entwickelt, die den Menschen in seiner realen Selbstständigkeit immer mehr entmündigen. Diese Erziehung zur Unmündigkeit und Unselbstständigkeit ist längst ein Kennzeichen der herrschaftsbedingten Überperfektionierung des betreuenden Sozialstaates, der viele seiner Notstände selbst produziert, um an der Macht bleiben zu können.

Helmut Schelsky,
Vortrag vor Freunden der Industriekreditbank Berlin, 1978

Die beste Kriminalpolitik ist und bleibt eine gute Sozialpolitik.

Franz von Liszt

Nur wenn die Wirtschaft stark ist, kann sich eine auf Menschenwürde zielende Gesellschaft die Solidarität eines Sozialstaats leisten.

Albrecht Schmidt,
Unternehmerisches Handeln in der globalisierten Wirtschaft. Welche Rolle spielen ethische Kriterien?

Die Geister scheiden sich daran, ob man von »Gewinn« oder von »Profit« spricht. In sozialen Staaten gibt es nur Gewinne, von denen alle profitieren.

Sigmund Graff,
Vom Baum der Erkenntnis, Aphorismen

Staatshaushalt

Heute wie seit der Zeit der Entstehung der Ständerechte ist die Verfügung über die Art der Geldbeschaffung des Staates: das Budgetrecht, das entscheidende parlamentarische Machtmittel.

Max Weber,
Parlamentarische Führerauswahl

Ein Finanzminister ist ein gesetzlich autorisierter Taschendieb.

Paul Ramadier

Wem der Staat auch zuprostet – der Geehrte zahlt die Getränke.

Hans Kasper

Der Staatshaushalt muss ausgeglichen sein. Die öffentlichen Schulden müssen verringert werden. Die Arroganz der Behörden muss gemäßigt und kontrolliert werden. Die Zahlungen an ausländische Regierungen müssen reduziert werden, wenn der Staat nicht Bankrott gehen will.

Cicero

Ein Staat, der keine Schulden macht, tut zu wenig für die Zukunft.

Lorenz von Stein

Die Finanzen sind der Nerv des Landes. Wenn Sie diese recht verstehen, wird das Übrige ganz in Ihrer Gewalt sein.

Friedrich II. von Preußen,
an Karl von Württemberg

Eine Million Steuerzahler verhält sich vernünftiger als eine öffentliche Hand.

Hermann Josef Abs

Der Staat ist ein gewaltiges Röhrensystem, das Einkommensteile abwechselnd aus den Taschen der Bürger heraus – und in sie hineinpumpt.

Hermann Schulze-Delitzsch

Die Versprechen von heute sind die Steuern von morgen.

W. L. Mackenzie King

Es ist schade, dass sich nicht mehr Politiker wie Hausfrauen verhalten. Eine gute Hausfrau hält ihr Haus in Ordnung und gibt nicht mehr aus, als sie einnimmt.

Margaret Thatcher

Die Aufstellung eines Budgets ist die Kunst, Enttäuschungen gleichmäßig zu verteilen.

Maurice Stans

Jeder erwartet vom Staat Sparsamkeit im Allgemeinen und Freigebigkeit im Besonderen.

Anthony Eden

Der Staat ist keine Kuh, die im Himmel gefüttert und auf Erden gemolken wird.

Franz Etzel

Das schwierigste Problem für den Politiker besteht darin, den Steuerzahler zu schröpfen, ohne den Wähler zu schädigen.

Aus den USA

Sparen heißt für den Staat, dass er die Steuergelder nur mit einer Hand zum Fenster hinauswirft.

Helmar Nahr

Eher legt sich ein Hund einen Wurstvorrat an als eine demokratische Regierung eine Budgetreserve.

Joseph Alois Schumpeter

Finanzpolitik – das ist die Auseinandersetzung zwischen jenen Leuten, die eine Mark haben und zwei ausgeben wollen, und jenen anderen, die wissen, dass das nicht geht.

Manfred Rommel

Reform

Wenn die amtierende Regierung von Reformen spricht, wissen die Bürger, dass sie Abbau meint. Dies gilt auch und vor allem für den Bereich der sozialstaatlichen Aufgaben.

Walter Riester,
Soziale Innovationen vor dem Wandel der Arbeitsgesellschaft

Die besten Reformer sind diejenigen, die bei sich selbst anfangen.

George Bernard Shaw

Von oben herab muss reformiert werden, wenn nicht von unten herauf revolutioniert werden soll.

Karl Julius Weber,
Demokritos

Reformen geschehen in der Regel um fünf nach zwölf.

Daniel Cohn-Bendit

Die eifrigsten Reformer haben lernen müssen, dass sie sich selbst jeglicher Macht berauben, wenn sie den schwerfälligen Massen zu weit voraneilen. Auf eine Revolution ist stets eine Reaktion gefolgt.

Woodrow Wilson,
Der Staat

Staatsverwaltung

Keine Pflicht einer Staatsregierung ist grundlegender als die, höchste Normen ethischen Verhaltens unter denjenigen aufrechtzuerhalten, die mit der Führung der öffentlichen Angelegenheiten betraut sind.

John F. Kennedy

Um eine Staatsverwaltung in tüchtigem Gang zu erhalten, müssten alle drei Jahre einige Minister, einige Generale und ein Dutzend Räte füsiliert werden; man müsste alle Beamten mit dem fünfzigsten Jahre wegjagen.

Otto Graf von Bismarck,
Nach Denkwürdigkeiten von Heinrich und Amalie Beguelin

Bürokratie ist die Vervielfältigung von Problemen durch Einstellung weiterer Beamter.

Cyril Northcote Parkinson

Verwaltung: Eine geniale Abstraktion in der Politik, dazu bestimmt, die Schläge und Stöße auszuhalten, die dem Premierminister oder Präsidenten gebühren. Ein Strohmann, dem faule Eier und Tomaten nichts anhaben.

Ambrose Bierce

Hätte ein Bürokrat die Welt erschaffen, wir wären noch bei der Sintflut.

Jerzy Jurandot

Kleinlebewesen vermehren sich durch Zellteilung, Bürokraten durch Arbeitsteilung!

Jerry Lewis

Die Zeit, welche die Technik erspart, kostet der Bürokrat, der sie organisiert.

Ludwig Marcuse,
Argumente und Rezepte,
Ein Wörter-Buch für Zeitgenossen

Die Bürokratie ist krebsmäßig an Haupt und Gliedern, nur ihr Magen ist gesund.

Otto Graf von Bismarck

Die Bürokratie ist ein gigantischer Mechanismus, der von Zwergen bedient wird.

Honoré de Balzac

Die Fesseln der gequälten Menschheit sind aus Kanzleipapier.

Franz Kafka

Ausführungsbestimmungen sind Erklärungen zu den Erklärungen, mit denen man eine Erklärung erklärt.

Abraham Lincoln

Bürokratie ist nichts anderes als eine gut organisierte Seuche.

Cyril Northcote Parkinson

Treffen Einfalt und Gründlichkeit zusammen, entsteht Verwaltung.

Oliver Hassencamp

Der Schalter ist der Schließmuskel der Bürokratie.

Wolfram Weidner

Beamte

Wer im Dienst des Staates reich wird, kann kein Mann von Charakter sein. Jeder Staat belohnt seine Diener so, dass sie anständig leben und höchstens einen Sicherheitspfennig sparen können, aber zu Reichtum kann es auf ehrenvolle Weise niemand bringen.

Johann Gottfried Seume

Mit schlechten Gesetzen und guten Beamten lässt sich immer noch regieren. Bei schlechten Beamten helfen uns die besten Gesetze nichts.

Otto Graf von Bismarck

Glänzend bewährt hat sich das Beamtentum überall da, wo es an amtlichen, festumschriebenen Aufgaben fachlicher Art seine Sachlichkeit und seine Kraft der Beherrschung organisatorischer Probleme zu beweisen hatte. Gänzlich versagt hat die Beamtenherrschaft da, wo sie mit politischen Fragen befasst wurde. Wenn nämlich ein leitender Mann dem Geist seiner Leistungen nach ein Beamter ist, sei es auch ein noch so tüchtiger: ein Mann also, der nach Reglement und Befehl pflichtgemäß und ehrenhaft seine Arbeit abzuleisten gewohnt ist, dann ist er weder an der Spitze eines Privatwirtschaftsbetriebs noch an der Spitze eines Staates zu gebrauchen.

Max Weber,
Beamtenherrschaft und politisches Führertum, in Parlament und Regierung im neugeordneten Deutschland, Gesammelte Politische Schriften

Für die Güte der Republik könnte man denselben Beweis anführen, den Boccaccio für die Religion anführt: Sie besteht trotz ihrer Beamten.

Heinrich Heine,
Gedanken und Einfälle IV, Staat und Gesellschaft

Die Beamten nagen am Hungertuch, auch wenn dieses mittlerweile aus Damast ist.

Armin Halle

Die Beamten sind Träger der Nation, einer träger als der andere.

Narren-Rundschau vom 4.3.2000

Die Grundsätze des Beamtenrechts können in Deutschland nur mit einer blutigen Revolution beseitigt werden.

Jürgen Rüttgers

Amt

Wer ein öffentliches Amt übernimmt, sollte sich als öffentliches Eigentum betrachten.

Thomas Jefferson

Wer in ein höheres Amt gewählt wird, hat die Verpflichtung, der Gesellschaft den Weg in ein unbekanntes Terrain zu weisen, ihr eine Entwicklung zu ermöglichen.

Henry Kissinger,
im Gespräch mit Helmut Schmidt

Wenn ihr euch lasst mit Ämtern schmücken, so klaget nicht, dass sie euch drücken!

Spruch im Berliner Rathaus

Wem Gott ein Amt gibt, dem gibt er auch Verstand.

Sprichwort

Dem Gewissenhaften ist das Amt mehr Bürde als Würde.

Talmud

Wer am Zoll sitzt, ohne reich zu werden, ist ein Pinsel. (Carlos)

Goethe,
Clavigo IV

Ein gut Amt vernaturet oft das Schaf in einen Wolf.

Christoph Lehmann,
Politischer Blumengarten 1, Amt

Politiker

Zu einem guten Politiker gehören die Haut eines Nilpferdes, das Gedächtnis eines Elefanten, die Geduld des Bibers, das Herz des Löwen, der Magen des Vogel Strauß und der Humor einer Krähe. Diese Eigenschaften sind allerdings noch nichts wert ohne die Sturheit des Maulesels.

Winston Churchill

Der moderne Politiker sucht eher den Applaus als den Erfolg.

Manfred Rommel

Ein Politiker muss die Fähigkeit haben, vorauszusehen, was kommt, und dann zu erklären, warum es nicht so gekommen ist.

Winston Churchill

Sympathisch und volksnah wünscht man sich die Politiker, pflichtbewusst und unabhängig, fachkundig und arbeitsam, entscheidungsfreudig und zum Handeln entschlossen, kein bisschen machtversessen, aber durchsetzungsfähig und stets sachbezogen, selbstverständlich völlig uneigennützig, für das Gemeinwohl sich aufreibend, nicht Lobbyisten und nicht Beamte, doch beruflich hoch qualifiziert und vor allem bereit, für wenig Lohn ihrer ehrenvollen Tätigkeit nachzukommen. Kurzum: Politik nicht als Beruf, sondern als Berufung.

Oskar Lafontaine,
Wunschlos unglücklich?

Man kann sagen, dass drei Qualitäten vornehmlich entscheidend sind für die Politiker: Leidenschaft – Verantwortungsgefühl – Augenmaß.

Max Weber,
Politik als Beruf

Wenn man erst einmal als Machtmensch angesehen wird, der alles kühl plant, gerinnt der Zufall zur Strategie.

Gerhard Schröder, 1996

Nur wer sicher ist, dass er daran nicht zerbricht, wenn die Welt, von seinem Standpunkt aus gesehen, zu dumm oder zu gemein ist für das, was er ihr bieten will, dass er all dem gegenüber »dennoch« zu sagen vermag, nur der hat den Beruf zur Politik.

Max Weber

Es gibt zwei Arten, aus der Politik einen Beruf zu machen. Entweder man lebt »für« die Politik, oder man lebt »von« der Politik.

Max Weber,
Politik als Beruf

Ein Politiker teilt die Menschheit in zwei Klassen ein: Werkzeuge und Feinde.

Friedrich Nietzsche

Das Rückgrat ist bei manchen Politikern unterentwickelt – vielleicht weil es so wenig benutzt wird.

Margaret Thatcher

Die Politik als Beruf ist vielleicht nicht der saftigste Wiesengrund für Freundschaftsblumen.

Richard von Weizsäcker

Wer regieren will, muss ein guter Schauspieler sein.

Arthur Miller,
Jefferson Lecture am 26.3.2001

Der Unterschied zwischen einem Politiker und einem Schauspieler ist graduell, nicht prinzipiell.

Peter Glotz

Man soll auf Politiker nicht hören, sondern auf sie achten.

Dieter Hildebrandt

Ein Politiker, der viel unter den Teppich kehrt, darf sich nicht wundern, wenn er stolpert.

Lothar Schmidt

Kein Politiker ist denkbar ohne gutes Gedächtnis für Dinge, die er vergessen muss.

Alberto Sordi

Heute gewinnt der in der Politik, der seine Betroffenheit am schönsten zur Schau trägt.

Cora Stephan

Meiner Meinung nach werden Menschen Politiker, weil sie in der Kindheit unterdrückt wurden. Sie denken, sie können sich von Unterdrückung befreien, wenn sie auf der Leiter der Macht nach oben steigen. Das ist natürlich ein Trugschluss. Macht ist nur eine andere Art der Sklaverei. Jeder Thron ist von seinen Stuhlbeinen abhängig.

Jewgeni Jewtuschenko

Der erfolgreichste Politiker ist derjenige, der das sagt, was alle denken, und der es am lautesten sagt.

Theodore Roosevelt

Die besondere Fertigkeit des Politikers besteht darin, dass er weiß, welche Leidenschaften am leichtesten zu erregen sind und wie sich, sobald sie erregt sind, verhindern lässt, dass sie ihm und seinen Anhängern schaden.

Bertrand Russell,
Skepsis

Unter Politik verstehen manche Leute die Kunst, Brände zu löschen, die sie selbst gelegt haben.

Lawrence Durell

Die größte Spekulation wäre es, einen Politiker zu seinem tatsächlichen Wert einzukaufen und ihn zu dem Wert zu verkaufen, den er sich selbst gibt.

André Kostolany

Mir wäre es recht, wenn man sich an mich so erinnern würde, dass ich ein Kerl war, der seine Pflichten erfüllt hat. Und der immer vorher erkannt hat und wusste, was seine Pflicht ist. Das Zweite ist sehr viel schwieriger als das Erste.

Helmut Schmidt,
Süddeutsche Zeitung, Magazin

Kohls Idealvorstellung war ein politisches Sultanat mit einer Vielzahl von ihm abhängiger Würdenträger.

Heiner Geißler,
Süddeutsche Zeitung, Magazin 41

Angela Merkel hat den Ausdruck eines personifizierten Kondolenzschreibens.

Karl Hugo Pruys

Das sind alles Falschspieler. Heute können sie das Keep-Smiling-Gesicht von Tony Blair, Viktor Klima und Gerhard Schröder nicht mehr unterscheiden, höchstens am Gebiss.

Claus Peymann,
Interview in der Welt am Sonntag

Politische Kunstfertigkeit

Die ganze Kunst der Politik besteht darin, sich der Zeitumstände richtig zu bedienen.

Ludwig XIV.,
Memoiren

Politik ist der Umgang mit Massen und Rivalen.

Sigmund Graff

Es bedarf der Muße, wer politisch handeln will.

Aristoteles

Der Mensch kann den Strom der Zeit nicht schaffen und nicht lenken, sondern nur auf ihm fahren und steuern, um mit mehr oder weniger Erfahrung und Geschick den Schiffbruch zu vermeiden.

Otto Graf von Bismarck,
zu Studenten, 1.4.1895

Politik ist die planvolle Gestaltung des gesellschaftlichen Zusammenlebens der Menschen.

Carl Friedrich von Weizsäcker

Mit der Politik des kleineren Übels sind sechstausend Jahre lang die großen Übel gemacht worden.

Lore Lorentz

Politik ist die Lehre vom Möglichen.

Otto Graf von Bismarck

Wir können die Uhren vorstellen, die Zeit geht aber deshalb nicht rascher, und die Fähigkeit zu warten, während die Verhältnisse sich entwickeln, ist eine Vorbedingung praktischer Politik.

Otto Graf von Bismarck,
an Freiherr von Werthern, 1869

In der Politik wird Ratlosigkeit oft mit Geduld verwechselt.

Roger Peyrefitte

In der Politik ist es manchmal wie in der Mathematik: Ein Fehler, den alle begehen, wird schließlich als Regel anerkannt.

Manfred Rommel

In der Politik soll man weniger versuchen, neue Gelegenheiten zu schaffen, als die sich bietenden zu nutzen.

La Rochefoucauld, Reflexionen

Innenpolitik ist Diplomatie gegen das eigene Volk.

Sigmund Graff

Politik ist wie Steilwandfahren. Man muss ständig Vollgas geben, sonst stürzt man ab.

Klaus Kinkel

Auf dem Gebiet, das die größte Nüchternheit verlangt – nämlich in der Politik –, pflegen sich die größten Leidenschaften auszutoben.

Sigmund Graff

In der Politik besteht ein großer Unterschied zwischen klugen und politisch klugen Antworten. Das eine heißt, dass man vermutlich die Wahrheit gesagt hat, das andere, dass man sie zum richtigen Zeitpunkt gesagt hat.

Roger Willemsen

Die Politik ist ein Krippenspiel, bei dem kein Heiliger mitspielt, aber viele Andächtige zusehen.

Sigmund Graff

Politische Programme beginnen als Kolossalgemälde und enden als Radierung.

Hans-Peter Heinzl

Die Aufgabe der Politik liegt in der möglichst richtigen Voraussicht dessen, was andere Leute unter gegebenen Umständen tun werden.

Otto Graf von Bismarck, Gedanken und Erinnerungen III, 12

Wenn auf Parteitagen wieder einmal für ein Tempolimit von hundert gestimmt wurde, habe ich wenigstens den Mut aufgebracht, auf die Toilette zu verschwinden.

Gerhard Schröder

Politik ist die Kunst, Probleme zu lösen, die man selbst geschaffen hat.

Sir Peter Ustinov

Politik ist nur der Spielraum, den die Wirtschaft ihr lässt.

Dieter Hildebrandt

Politik ist die Kunst, das Notwendige möglich zu machen.

Herbert Wehner

Politik ist die Kunst, die Menge zu leiten: nicht wohin sie gehen will, sondern wohin sie gehen soll.

Joseph Joubert

Vollkommene Politik besteht darin, niemals das letzte Motiv zu enthüllen.

Benjamin Disraeli

Politik ist ein Streit der Interessen, der sich als Wettstreit der Prinzipien maskiert.

Ambrose Bierce

Ist nicht sofort ersichtlich, welche politischen oder sozialen Gruppen Kräfte oder Größen bestimmte Vorschläge, Maßnahmen und so weiter vertreten, sollte man stets die Frage stellen: Wem nutzt es?

Wladimir Iljitsch Lenin

Die Triebfeder der Politik ist meist Eitelkeit, Ehrgeiz, Machtwille, nur selten Habsucht und noch seltener der uneigennützige Wille, einer Idee oder einer Menschengruppe zu dienen.

Coudenhove-Kalergi,
Held und Heiliger

Die Politik gleicht der Sphinx der Fabel: Sie verschlingt alle, die ihre Rätsel nicht lösen.

Antoine Rivarol

Die Politik bedeutet ein starkes, langsames Bohren von harten Brettern mit Leidenschaft und Augenmaß zugleich.

Max Weber

In der Politik ist es wie in der Mathematik: Alles, was nicht ganz richtig ist, ist falsch.

Edward Kennedy

Es ist eine alte Wahrheit, dass man in der Politik oft vom Feinde lernen muss.

Wladimir Iljitsch Lenin

Nichts verwirrt in der Politik so sehr, wie wenn ein gewohnter Feind verschwindet.

Manfred Rommel

Wahlen

Wenn uns die Mächtigen ihre Zuneigung bekunden, dann ist Wahlzeit.

Lothar Schmidt

In einer Demokratie ist es ein bisschen viel verlangt, dass das Volk ausgerechnet Leute wählt, die ihm moralisch haushoch überlegen sind.

Roman Herzog,
Süddeutsche Zeitung, 8.3.2000

Wie klein der Einfluss auch sein mag, den meine Stimme in öffentlichen Angelegenheiten ausübt, so bedeutet das Recht, dort wählen zu dürfen, immerhin die Pflicht, es informiert zu tun.

Jean-Jacques Rousseau,
Vom Gesellschaftsvertrag oder Grundlagen des politischen Rechts

Die Staatsgewalt des Volkes erschöpft sich im Ankreuzen unveränderbarer Kandidatenlisten, die Parteifunktionäre festgelegt haben.

Hildegard Hamm-Brücher,
Bürgergesellschaft versus Parteiendemokratie

Die Verfasser des Grundgesetzes scheinen vor dem Volke Furcht gehabt zu haben. Denn dieses Gesetz schränkt die Wirksamkeit des Volkes auf ein Minimum ein. Alle vier Jahre wählt es den Bundestag. Die ihm von den Parteien vorgelegten Listen oder Personen sind schon vorher durch die Parteien gewählt.

Karl Jaspers,
Von der Demokratie zur Parteienoligarchie

Die Frage, wer an die Macht kommen soll, ist falsch gestellt. Es genügt, wenn eine schlechte Regierung abgewählt werden kann.

Sir Karl Raimund Popper

Um das eigentlich unkalkulierbare Wahlergebnis berechenbar zu machen, entscheiden 0,4 Prozent der Wahlberechtigten vorab über die Besetzung fast aller politischen Funktionen – vom Bundespräsidenten bis zum Beigeordneten. Dieses Verfahren heißt parteiinterne Nominierung.

Manfred Lahnstein,
Die Feuerwehr als Brandstifter, Die unheimliche Macht der Experten in Politik und Wirtschaft

Alle vier Jahre machen die Wähler ihr Kreuz. Und hinterher müssen sie's dann tragen.

Birgit Berg-Koshnavaz

Der Politiker, der ehemals lernen musste, wie man Königen schmeichelt, muss jetzt lernen, wie man die Phantasie der Wähler bezaubert, unterhält, bestrickt, beschwindelt, erschreckt oder sonst irgendwie verblüfft.

George Bernard Shaw

Herrschen

Wer Lust hat, über Sklaven zu herrschen, ist selbst ein entlaufener Sklave. Frei ist, wem Freie willig folgen und wer Freien willig dient.

Walther Rathenau

Höchste Kunst ist, ohne Gewalt zu herrschen.

Vauvenargues,
Reflexionen

Divide et impera!
Entzweie und herrsche!

Philipp von Makedonien

Die Herrschenden müssen bewacht werden, nicht die Beherrschten.

Friedrich Dürrenmatt

Macht

Macht liegt überall, wo Bürger ihre Rechte wahrnehmen.

Erhard Eppler
Gefährten aus der Gefahr, 1985

Drei sind, die da herrschen auf Erden: die Weisheit, der Schein und die Gewalt.

Goethe,
Das Märchen

Die Macht hat tatsächlich zwei Quellen. Die erste, das ist der Staat mit seinen Institutionen. Die andere Quelle der Macht ist das Volk, wenn es in revolutionären Perioden seine Institutionen verändert.

Jean-Paul Sartre,
Eröffnungsrede zum Vietnamtribunal, 1968

Wer den Daumen auf dem Beutel hat, hat die Macht.

Otto Graf von Bismarck,
Rede im Norddeutschen Reichstag, 26.4.1863

Die Macht kann nicht milde genug aussehen.

Jean Paul

Toleranz ist immer das Zeichen, dass sich eine Herrschaft als gesichert betrachtet.

Max Frisch,
Tagebuch 1948/49

Mit der Macht kann man nicht flirten. Man muss sie heiraten.

André Malraux

Wer die Macht hat, dem soll man sie nicht auch noch versüßen.

Lord Beaverbrook

Noch nie waren so viele so sehr wenigen ausgeliefert.

Aldous Huxley,
Wissenschaft, Freiheit und Frieden

Macht hat Legitimität nur im Dienst der Vernunft. Allein von hier bezieht sie ihren Sinn. An sich ist sie böse.

Karl Jaspers,
Wohin treibt die Bundesrepublik?

Es ist eine ewige Erfahrung, dass jeder Mensch, der Macht in Händen hat, geneigt ist, sie zu missbrauchen. Er geht so weit, bis er Schranken findet.

Charles-Louis de Montesquieu,
Vom Geist der Gesetze XI

Die Bewirtschaftung der menschlichen Ängste gehört zu den bedeutendsten Quellen der Macht.

Norbert Elias

Nicht Macht korrumpiert die Menschen, sondern Furcht.

Aung San Suu Kyi

Der hat die Macht, an den die Menge glaubt.

Ernst Raupach,
Kaiser Friedrichs II. Tod I, 3

Alles Geschehen aus Absichten ist reduzierbar auf die Absicht der Mehrung von Macht.

Friedrich Nietzsche,
Der Wille zur Macht

In den Regierungsversammlungen müssen wir uns vor dem ungewollten Einfluss schützen, der, ob beabsichtigt oder nicht, von dem militärisch-industriellen Komplex ausgeübt wird.

Dwight David Eisenhower,
Abschiedsrede, 17.1.1961

Der Größte Missbrauch ist, wenn von der Macht sie das Gewissen trennt. (Brutus)

Shakespeare,
Julius Cäsar II, 1

Unmöglich ist es, dass der Ungerechte, der Meineidige, der Lügner eine dauerhafte Macht besitze. Eine solche Macht hält für einmal und auf kurze Zeit. Sie blüht, wenn es glückt, in Hoffnung auf, aber, von der Zeit belauert, fällt sie von selbst zusammen.

Demosthenes,
Staatsreden

Die Hebel der Macht werden mit Handschuhen bedient. Sonst würde man mehr Fingerspitzengefühl bemerken.

Oliver Hassencamp

Das Volk ist Gewalt, die Regierung Werkzeug; aus der Vereinigung beider konstituiert sich die politische Macht.

Antoine Rivarol

Ich bin im Gebrauch der Macht gar nicht so pingelig.

Konrad Adenauer

Gebrauche deine Macht wie ein paar Zügel, nicht wie eine Peitsche.

Aus der Mongolei

Alle politischen Fragen, alle Fragen des Rechts, sind im Grunde nur Machtfragen.

August Bebel

Macht ist ihrem Wesen nach expansiv und lässt sich durch nichts sonst beschränken als durch andere Mächte von gleicher oder wenigstens ähnlicher Größe.

Aldous Huxley,
Wissenschaft, Freiheit und Frieden

Wir sind an der Regierung, aber nicht an der Macht.

Wolfgang Gerhard

Die Macht der Mächtigen kommt von der Ohnmacht der Ohnmächtigen.

Václav Havel

Der wirklich Mächtige trägt seine Macht unter dem Revers, nicht im Knopfloch.

Roger Peyrefitte

Unter allen Räuschen ist der Herrschaftsrausch der schlimmste. Wer vom Herrschaftsrausch befallen ist, erwacht nicht vor seinem Sturze.

Sanskrit

Macht ist das stärkste Aphrodisiakum.

Henry Kissinger

Obrigkeit

Für die Führenden besteht der wirksamste Selbstschutz darin, gegenüber den Mitarbeitern und Kollegen ein Klima zu pflegen, in dem Widerspruch nicht zur Mutprobe wird.

Alois Glück,
Verantwortung übernehmen

Wohl gibt es Fürsten,
die nach Wahrheit dürsten.
Doch wenigen war ein so gesunder
Magen, sie zu vertragen.

Friedrich von Bodenstedt,
Die Lieder des Mirza Schaffy

Ein Mächtiger, der mit dem Schwächeren spricht, verlangt nur Beifall, Wahrheit nicht.

Karl Wilhelm Ramler,
Der junge Hahn und der Storch

Meinungsaustausch ist, wenn ein Beamter mit seiner Meinung zu seinem Vorgesetzten geht und mit dessen Meinung zurückkommt.

Andrej Gromyko

Leute, die am höchsten steh'n,
müssten auch am weitsten seh'n.
Wenn's in solcher Wolkensphäre
nur nicht oft so neblig wäre!

Ludwig Fulda,
Sinngedichte

Die moralischen Qualitäten der führenden Persönlichkeiten sind für eine Generation und für den Lauf der Geschichte vielleicht von noch größerer Bedeutung als rein intellektuelle Leistungen.

Albert Einstein

Es ist ein Unglück, das ich sehe unter der Sonne, nämlich Unverstand, der unter den Gewaltigen gemein ist.

Prediger Salomo 10,5

Autorität

Das unfehlbare Mittel, Autorität über die Menschen zu gewinnen, ist, sich ihnen nützlich zu machen.

Marie von Ebner-Eschenbach

Die Menschen folgen mit Vorliebe denen, die ihnen dienen und sie gleichzeitig verachten.

Samuel Butler

Machen Sie sich erst einmal unbeliebt, dann werden Sie auch ernst genommen.

Konrad Adenauer

Die Autorität, die sich auf Zuneigung stützt, hat sichere Gefolgschaft!

Gottlieb Duttweiler

Autorität leidet am meisten, wenn von ihr zu oft Gebrauch gemacht wird.

A. Kingston

Menschenführung

Mit Recht erwarten die Bürger von diesen führenden Repräsentanten Vorbild durch beispielhaftes Verhalten: Grundsatztreue, Standfestigkeit gegenüber dem Zeitgeist, Bekennen eigener Fehler und Offenheit gegenüber Neuem gehören zu der geistigen Orientierung, nach der viele verlangen. Mehr – und dies ist schon schwer genug – kann auch geistige Führung in der Politik nicht bedeuten.

Helmut Kohl,
Die Parteien in der freiheitlichen Bürgergesellschaft, 19.7.1992, Welt am Sonntag

Massen kommen erst in Bewegung durch Führer, die ihnen sagen, was sie wollen; Minoritäten machen die Geschichte.

Karl Jaspers,
Eliten und Masse

Die Massen sind erstens verschwimmende Kopien der großen Männer, zweitens Widerstand gegen die Großen, drittens Werkzeuge der Großen.

Friedrich Nietzsche

Es ist eine falsche Nachgiebigkeit gegen die Menge, wenn man ihnen die Empfindungen erregt, die sie haben wollen, und nicht, die sie haben sollen.

Goethe,
Wilhelm Meisters Lehrjahre V, 9

Wer sich an die Phantasie der Menschen wendet, wird immer den besiegen, der auf ihren Verstand einwirken will.

Friedrich II. von Preußen

Alle, die über Politik schrieben, beweisen es, und die Geschichte belegt es durch viele Beispiele, dass der, welcher einem Staatswesen Verfassung und Gesetze gibt, davon ausgehen muss, dass alle Menschen schlecht sind und dass sie stets ihren bösen Neigungen folgen, sobald sie Gelegenheit dazu haben.

Niccolò Machiavelli

Dann erst hat die Größe eines Menschen Bestand und Grund, wenn alle von ihm überzeugt sind, er sei nicht sowohl über ihnen als für sie.

Seneca,
Von der Gnade

Man soll die lieben, über die man befiehlt, aber man soll es ihnen nicht sagen.

Antoine de Saint-Exupéry

Den Völkern schmeicheln bei politischen Stürmen heißt den Wogen sagen, dass sie das Schiff lenken sollen.

Joseph Joubert

Der kann sich manchen Wunsch gewähren,
der kalt sich selbst und seinem Willen lebt;
allein wer andre wohl zu leiten strebt,
muss fähig sein, viel zu entbehren.

Goethe,
Ilmenau

Häuptlingschaft ist Knechtschaft.

Aus Sambia

Wer Menschen führen will, muss ein Praktiker und ein Realist sein. Aber er muss die Sprache sprechen des Idealisten und des Sehers.

Eric Hoffer

Das rechte Wort, am rechten Platz vom rechten Mann gesprochen, erspart fast immer den Einsatz der Polizei.

Carlo Schmid

Niemand kann andere Menschen gut führen, wenn er sich nicht ehrlich an deren Erfolg zu freuen vermag.

Thomas Mann

Unsicherheit im Befehlen erzeugt Unsicherheit im Gehorchen.

Helmuth Graf von Moltke

Wer wünscht, dass man ihn fürchte, erreicht nur, dass man ihn hasst.

Charles-Louis de Montesquieu

Führer

Meistens sind die Führer keine Denker, sondern Männer der Tat. Sie haben wenig Scharfblick und könnten auch nicht anders sein, da der Scharfblick im Allgemeinen zu Zweifel und Untätigkeit führt. Man findet sie namentlich unter den Nervösen, Reizbaren, Halbverrückten, die sich an der Grenze des Irrsinns befinden.

Gustave Le Bon,
Die Führer der Massen

Wahrhafte Führer werden kaum verspürt.

Lao-Tse,
Tao-Teh-King 17

Ein Fürst ist am glücklichsten, wenn er es dahin bringt, dass die Untertanen nicht ihn, sondern für ihn fürchten.

Plutarch,
Gastmahl der sieben Weisen

Die großen Führer aller Zeiten, die der Revolution hauptsächlich, waren sehr beschränkt und haben deshalb den größten Einfluss ausgeübt.

Gustave Le Bon,
Psychologie der Massen 3, 5

An Führern hat es den Völkern nie gefehlt, aber sie besitzen nicht alle die starken Überzeugungen, die den Apostel machen.

Gustave Le Bon,
Die Führer der Massen

Es gibt keinen Papst in der Politik.

Norbert Blüm,
Unverblümtes von Norbert Blüm

Wer die Könige von gestern anklagt und denen von heute zujubelt, wird morgen wieder welche anklagen müssen.

Gerhard Zwerenz

Mut, Geist und Glück sind drei so notwendige Eigenschaften für einen Führer, dass, wenn man auch nicht viele antrifft, die sie alle in sich vereinigen, man schwerlich ohne einen glücklichen Zufall große Ereignisse von denen erwarten darf, denen eine von ihnen völlig fehlt.

Richelieu,
Politisches Testament

Nachfolger

Jeder Politiker findet seinen Nachfolger unzureichend.

Arnulf Baring

Viel mehr Politiker sind damit beschäftigt, mögliche Nachfolger auszuschalten, als sie heranzuziehen.

Anthony Sampson

Ein Stellvertreter ist ein Mann, der sich jeden Morgen nach unserem Befinden erkundigt und sehr enttäuscht ist, wenn man gut geschlafen hat.

Charles de Gaulle

Entmachtung

Kein Abschied auf der Welt fällt schwerer als der Abschied von der Macht.

Charles Maurice de Talleyrand-Périgord

Ich bin von der Bühne in eine Proszeniumsloge gegangen und sehe mir nun an, wie andere in meiner Rolle auf der Bühne agieren.

Klemens Fürst von Metternich, zu Bismarck

Der zurückgetretene französische Minister des Post- und Telegrafenwesens eine Stunde nach der Abdankung, an seinen ehemaligen Staatssekretär: »Sehr verehrter Herr Kollege! Ich weiß nicht, ob Sie sich meiner noch erinnern ...«

Aus Witze, Fabeln, Anekdoten von *Eberhard Puntsch*

Das Schicksal macht nie einen König matt, ehe es ihm Schach geboten hat.

Ludwig Börne, Fragmente und Aphorismen 5

Neu Regiment bringt neue
Menschen auf,
und früheres Verdienst veraltet
schnell. (Wallenstein)

Schiller, Die Piccolomini II, 7

III. Kapitel

Gesellschaftsordnung

Willst du das Land in Ordnung bringen, so musst du zuerst die Provinzen in Ordnung bringen. Willst du die Provinzen in Ordnung bringen, so musst du zuerst die Städte in Ordnung bringen. Willst du die Städte in Ordnung bringen, so musst du zuerst die Familien in Ordnung bringen. Willst du die Familien in Ordnung bringen, so musst du zuerst deine Familie in Ordnung bringen. Willst du deine Familie in Ordnung bringen, so musst du zunächst dich selbst in Ordnung bringen.

Aus China

Diejenige Staatsform ist die beste, in welcher die Gesetze am meisten und die Redner der Parteien am wenigsten Gehör finden.

Plutarch

Identität stiftende Gemeinschaft, die die Grenzen der eigenen Vergänglichkeit überschreitet, ist notwendige Grundlage für Zuversicht und Zukunftsmut.

Wolfgang Schäuble,
Was eine Gesellschaft zusammenhält, Süddeutsche Zeitung, 1./2.12.2001

In viel größerem Maß als bisher muss erkannt werden, dass unsere gegenwärtige gesellschaftliche Ordnung nicht in erster Linie das Ergebnis eines menschlichen Entwurfs ist, sondern aus einem wettbewerblichen Prozess hervorging, in dem sich die erfolgreicheren Einrichtungen durchsetzten.

Friedrich August von Hayek,
Die Anmaßung von Wissen, Neue Freiburger Studien, 1996

Wie findet man eine Gesellschaftsform, die mit der ganzen gemeinsamen Kraft die Person und das Vermögen jedes Gesellschaftsmitglieds verteidigt und schützt und kraft dessen jeder Einzelne, obgleich er sich mit allen vereint, gleichwohl nur sich selbst gehorcht und so frei bleibt wie vorher?

Jean-Jacques Rousseau

Alle Utopisten scheitern an dem simplen Faktum, dass sie zwar logisch funktionierende Systeme vollkommener Gerechtigkeit und Freiheit ausdenken, aber nicht zugleich einen perfekten Menschen herstellen können, für den allein ein solches System erstrebenswert wäre und der allein es funktionsfähig machen könnte.

Gerhard Szczesny,
Das sogenannte Gute 14

Die aktive Bürgergesellschaft macht die Demokratie lebendiger. Bildet Werte, formt Bürgertugenden und stiftet Lebenssinn. Schafft Freiräume und schützt vor staatlicher Willkür. Ist Ort gelebter und belastbarer Solidarität. Ist die Welt freier Bürger und starker Gemeinschaften. Fördert den Zusammenhalt in Gesellschaft und Staat.

Alois Glück,
Verantwortung übernehmen

Wir haben unsere Welt in unseren Institutionen verkörpert und sind jetzt deren Gefangene. Fabriken, Massenmedien, Krankenhäuser, Regierungen und Schulen produzieren Waren und Dienstleistungen, die unsere Weltanschauung abgepackt enthalten.

Ivan Illich,
Geplante Armut als Frucht technischer Hilfe, 1970

Die menschlichen Einrichtungen sind von Natur so unvollkommen, dass es, um sie zu zerstören, fast immer genügt, aus ihren Grundsätzen alle Folgerungen zu ziehen.

Alexis Graf von Tocqueville,
Pensées détachées

Mit den freien Verbänden werden wir der Verstaatlichung des Menschen begegnen und den Staat vermenschlichen helfen.

Alfons Goppel

Während die unter Gottes Gebot stehende Gesellschaft nur autoritär war, ist die wissenschaftlich geplante Gesellschaft totalitär.

Gerhard Szczesny,
Das sogenannte Gute 6

Solange Kapitalismus und Sozialismus nebeneinander bestehen, können wir nicht in Frieden leben. Letzten Endes wird dieser oder jener siegen. Entweder wird man der Sowjetrepublik oder aber dem Weltkapitalismus die Grabrede halten.

Wladimir Iljitsch Lenin,
aus den Schriften 1895–1923, 1920

Es gibt nur zwei Parteien, die des Imperialismus und die des Sozialismus, und der Satz würde auch an dem Tag nicht aufhören, wahr zu sein, an welchem China, Kuba, Vietnam und Nordkorea ins Meer gesprengt oder der Weltbank unterstellt wären.

Peter Hacks

Die Verantwortlichen der Diktatur sind hartherzig, die der Demokratie harthörig.

Sigmund Graff

Irgendwie geht Ordnung in das Bedürfnis nach Totschlag über.

Robert Musil,
Die Schwärmer

Demokratie

Gebe es ein Volk von Göttern, so würde es sich demokratisch regieren. Eine so vollkommene Regierung passt für uns Menschen nicht.

Jean Jacques Rousseau,
Contrat social 3, 4

Demokratie entsteht, wenn man nach Freiheit und Gleichheit aller Bürger strebt und die Zahl der Bürger, nicht aber ihre Art berücksichtigt.

Aristoteles,
Politeia 3, 12

Die Demokratie ist die schlechteste Regierungsform, abgesehen von allen anderen.

Winston Churchill

Das Charakteristische an der Demokratie ist die Herrschaft auf Zeit.

Theodor Heuss

Demokratie: die Regierung des Volks durch das Volk für das Volk.

Abraham Lincoln

Demokratie heißt Entscheidung durch die Betroffenen.

Carl Friedrich von Weizsäcker

Wir leben in einer Demoskopiedemokratie. Sie verführt die Parteien dazu, in die Gesellschaft hineinzuhorchen, dort die erkennbaren Wünsche zu ermitteln, daraus ein Programm zu machen, dieses dann in die Gesellschaft zurückzufunken und sich dafür durch das Mandat für die nächste Legislaturperiode belohnen zu lassen.

Hubert Kleinert,
Die Krise der Politik

Ein Nachteil der Demokratie ist, dass man zu allem eine Mehrheit braucht.

Manfred Rommel

Die Demokratie lebt vom Kompromiss. Wer keine Kompromisse machen kann, ist für die Demokratie nicht zu gebrauchen.

Helmut Schmidt

Demokratie ist die Notwendigkeit, sich gelegentlich den Ansichten anderer Leute zu beugen.

Winston Churchill

Demokratie heißt ja nie Herrschaft des Volks, sondern immer Herrschaft einer Mehrheit.

Roman Herzog,
Interview in der Süddeutschen Zeitung vom 8.3.2000,

In der Demokratie ist eine abweichende Meinung ein Akt des Vertrauens.

James William Fullbright

Die Sehnsucht nach Geborgenheit ist eine ständige Gefahr für die Demokratie.

Elisabeth Noelle-Neumann

Die Demokratie ist in Wirklichkeit nicht mehr als die Aristokratie der Redner.

Thomas Hobbes

Die heute praktizierte Form der Demokratie ist zunehmend ein Synonym für den Prozess des Stimmenkaufs und für das Schmieren und Belohnen von unlauteren Sonderinteressen, ein Auktionssystem, in dem alle paar Jahre die Macht der Gesetzgebung denen anvertraut wird, die ihren Gefolgsleuten die größten Sondervorteile versprechen.

Friedrich August von Hayek,
Recht, Gesetzgebung und Freiheit 1

Demokratie wächst mit dem Denken des Volkes. Ohne dieses ist sie eine entsetzliche Täuschung. Dass die Entwicklung dieser Urteilskraft möglich ist, ist die Idee der Demokratie.

Karl Jaspers

In der Demokratie ersetzt die Wahl vieler inkompetenter Leute die Ernennung durch wenige Korrupte.

George Bernard Shaw

Eine ernsthafte Schwäche der Demokratie ist, dass sie sich danach richten muss, was der Bürger denkt, ehe Gewissheit besteht, ob er es überhaupt tut.

Hans Kasper

Dass mittels der wählenden Demokratie der Wille eines Volks ermittelt werden könne, ist natürlich eine Täuschung. Aber sieht man den Versuch vor sich, die Fragen divergierender Interessen nicht mit Messer und Pistole, sondern mittels einer Abstimmung zu entscheiden, so ist das natürlich doch ein humaneres und gesitteteres Verfahren.

Robert Musil

Es gibt keinen heißeren Demokraten als abgestürzte Diktatoren.

Carl von Ossietzky,
Der Zeit den Spiegel vorhalten

Demokratie beruht auf drei Prinzipien: auf der Freiheit des Gewissens, auf der Freiheit der Rede und auf der Klugheit, keine der beiden in Anspruch zu nehmen.

Mark Twain

In der demokratischen Verfassung ist überhaupt der Entwicklung großer politischer Charaktere am meisten Raum gegeben; denn sie vornehmlich lässt die Individuen nicht nur zu, sondern fordert sie auf, ihr Talent geltend zu machen.

Hegel,
Philosophie der Geschichte 2, 3, Athen

Demokratie heißt die Spielregeln einhalten, auch wenn kein Schiedsrichter zusieht.

Manfred Hausmann

Die Demokratie ist keine Frage der Zweckmäßigkeit, sondern der Sittlichkeit.

Willy Brandt

Republik ist Form, Demokratie ist Inhalt.

Ludwig Simon,
in der Paulskirche, 19.6.1848

Demokratie realisiert sich nicht nur durch Mitbestimmung, sondern auch durch Selbstbestimmung.

Jürgen Rüttgers,
Neue Grenzen der Politik

Das demokratische System, zu dem unser Staat sich bekennt, beruht auf der Überzeugung, dass man den Menschen die Wahrheit sagen kann.

Carl Friedrich von Weizsäcker

Demokratie, die Praxis der Selbstregierung, ist ein Vertrag, in dem sich freie Menschen verpflichten, die Rechte und Freiheiten der Mitbürger zu achten.

Franklin Delano Roosevelt

Demokratie ist Diskussion.

Thomas Garrigue Masaryk

Demokratie heißt, sich in seine eigenen Angelegenheiten einzumischen.

Max Frisch

In der Demokratie geht die Macht vom Volk aus, doch häufig kehrt sie nicht zu ihm zurück.

Hellmut Walters

Ich rede von der Demokratie als etwas Kommendem. Das, was schon jetzt so heißt, unterscheidet sich von den älteren Regierungsformen allein dadurch, dass es mit neuen Pferden fährt: Die Straßen sind noch die alten, und die Räder sind auch noch die alten.

Friedrich Nietzsche,
Menschliches, Allzumenschliches
II, 2, 293

Die wahre Demokratie gibt es nur in der Sauna.

Ralph Boller

Die Demokratie ist ein Verfahren, das garantiert, dass wir nicht besser regiert werden, als wir es verdienen.

George Bernard Shaw

Demokratie darf nicht so weit gehen, dass in der Familie darüber abgestimmt wird, wer der Vater ist.

Willy Brandt

Demokratie kann ihren Inhalt, ihr Wesen nur bewahren, wenn die eigene Geschichte – auch in ihren Verwucherungen – ständig mitgedacht wird.

Fritz Raddatz,
Staatstreue – Untertanengeist oder Mut zur Kritik? 1978

Früher hielten sich manche Könige einen Narren. Heute halten sich manche Demokratien einen König.

Werner Mitsch

Es gibt keine grausamere Tyrannei als die, welche unter dem Deckmantel der Gesetze und mit dem Scheine der Gerechtigkeit ausgeübt wird; denn das heißt sozusagen Unglückliche auf der Planke ertränken, auf die sie sich gerettet haben.

Charles-Louis de Montesquieu,
Betrachtungen über die Ursachen der Größe der Römer und ihren Verfall 14

Diktaturen sind Einbahnstraßen. In Demokratien herrscht Gegenverkehr.

Alberto Moravia

Alle Diktaturen weisen Gemeinsamkeiten auf. Dazu gehört der Versuch der Entindividualisierung, der Gleichschaltung von Menschen in ihrem Denken und Fühlen. Dieser Versuch muss immer scheitern.

Gregor Gysi,
Süddeutsche Zeitung, 22.8.2001

Demokratie heißt die Wahl haben. Diktatur heißt vor die Wahl gestellt sein.

Jeannine Luczak

Auf Bajonette kann man sich stützen. Aber man kann nicht darauf sitzen.

Aus Spanien

Diktatur

Nicht die Diktatoren schaffen Diktaturen, sondern die Herden.

Georges Bernanos

Wo das Recht endet, beginnt Tyrannis.

William Pitt senior

Die Despotie stempelt gewöhnlich die Begriffe wie die Münze.

Johann Gottfried Seume,
Apokryphen

Achillesfersen verstecken sich gern in Tyrannenstiefeln.

Stanislaw Jerzy Lec

Sozialismus

Der Sozialismus ist nicht Wegbereiter einer besseren und schöneren Zukunft, sondern Zertrümmerer dessen, was Jahrtausende der Kultur mühsam geschaffen haben. Er baut nicht auf, er reißt nieder. Nach dem Erfolg seines Wirkens müsste man ihm den Namen Destruktionismus geben. Denn sein Wesen ist die Zerstörung. Er bringt nichts hervor, er zehrt nur auf, was die auf dem Sondereigentum an den Produktionsmitteln beruhende Gesellschaftsordnung geschaffen hat.

Ludwig von Mises,
Gemeinwirtschaft, 1922

Das angeborene Laster des Kapitalismus ist die ungleiche Verteilung der Gaben; die angeborene Tugend des Sozialismus ist die gleichmäßige Verteilung des Elends.

Winston Churchill

Womit wir es im Falle der »sozialen Gerechtigkeit« zu tun haben, ist einfach ein quasireligiöser Aberglaube von der Art, dass wir ihn respektvoll in Frieden lassen sollten, solange er lediglich seine Anhänger glücklich macht, den wir aber bekämpfen müssen, wenn er zum Vorwand wird, gegen andere Menschen Zwang anzuwenden. Und der vorherrschende Glaube an »soziale Gerechtigkeit« ist gegenwärtig wahrscheinlich die schwerste Bedrohung der meisten anderen Werte einer freien Zivilisation.

Friedrich August von Hayek,
Recht, Gesetzgebung und Freiheit 2, 1981

Nennt man das Kind beim Namen und nennt es »Verstaatlichung«, so wird aller Sozialismus unromantisch und nüchtern.

Theodor Heuss

Solange es mehr faule als fleißige Menschen gibt, bleibt der sozialistische Staat eine Utopie.

Marie von Ebner-Eschenbach,
Aphorismen

Die Demokratie und der Sozialismus sind nicht solidarisch miteinander. Es sind nicht verschiedene, sondern entgegengesetzte Dinge.

Alexis Graf von Tocquevill,
Rede vor der Nationalversammlung

Man wirft dem Sozialismus vor, dass er die tatsächliche Ungleichheit der Menschen übersehe; aber das ist kein Vorwurf, sondern eine Charakteristik; denn der Sozialismus entschließt sich, jene Ungleichheit zu übersehen und die Menschen als gleich zu behandeln, das heißt, zwischen allen das Verhältnis der Gerechtigkeit eintreten zu lassen, welches auf der Annahme beruht, dass alle gleich mächtig, gleich wertvoll seien; ähnlich wie das Christentum in Hinsicht auf sündhafte Verdorbenheit und Erlösungsbedürftigkeit die Menschen als gleich nahm.

Friedrich Nietzsche,
Aus der Zeit des Menschlichen, Allzumenschlichen, Staat, Sozialismus

Der Aufbau einer sozialistischen Gesellschaft ist meiner Ansicht nach unmöglich; es sei denn, man hielte es für zulässig, den real existierenden politischen und geistigen Pluralismus zu unterdrücken.

Michail Gorbatschow,
Welche Zukunft für Russland? in Mutmaßungen über das 21. Jahrhundert

Das erste Kennzeichen aller der Systeme, die den Namen Sozialismus tragen, ist ein nachdrücklicher, ständiger, übersteigerter Appell an die materiellen Begierden des Menschen.

Alexis Graf von Tocqueville,
Rede vor der Nationalversammlung

Der Sozialismus ist der phantastische jüngere Bruder des fast abgelebten Despotismus, den er beerben will; seine Bestrebungen sind also im tiefsten Verstande reaktionär. Denn er begehrt eine Fülle der Staatsgewalt, wie sie nur je der Despotismus gehabt hat, ja, er überbietet alles Vergangene dadurch, dass er die förmliche Vernichtung des Individuums anstrebt: als welches ihm wie ein unberechtigter Luxus der Natur vorkommt.

Friedrich Nietzsche,
Menschliches, Allzumenschliches

Die Demokratie erweitert die Sphäre der individuellen Unabhängigkeit, der Sozialismus engt sie ein. Die Demokratie verleiht jedem Menschen den größtmöglichen Wert, der Sozialismus macht aus jedem Menschen einen Beamten, ein Instrument, eine Zahl.

Alexis Graf von Tocqueville,
Rede vor der Nationalversammlung

Alles, was die Sozialisten vom Geld verstehen, ist die Tatsache, dass sie es von den anderen haben wollen.

Konrad Adenauer

Im Kapitalismus gibt es Leute, die bereit sind, für Geld alles zu tun. Im Sozialismus tut man auch für Geld nichts.

Zarko Petan,
Vor uns die Sintflut, Aphorismen

Als wirtschaftliches System ist der Sozialismus im Wettstreit mit der Marktwirtschaft gescheitert. Aber als Utopie, als Summe uralter Menschheitsideale: soziale Gerechtigkeit, Solidarität, Freiheit für die Unterdrückten, Hilfe für die Schwachen, ist er unvergänglich.

Marion Gräfin Dönhoff,
Macht und Moral

Sozialismus ist Teilung der Gewinne ohne Verantwortlichkeit für Verluste.

Elbert Hubbard

Im Allgemeinen ist die Richtung des Sozialismus wie die des Nationalismus eine Reaktion gegen das Individuellwerden. Man hat seine Not mit dem Ego, dem halbreifen, tollen Ego: Man will es wieder unter die Glocke stellen.

Friedrich Nietzsche,
Aus der Zeit der Fröhlichen Wissenschaft, Kultur

Sozialismus und Freiheit schließen einander definitionsgemäß aus.

Friedrich August von Hayek

Der Sozialismus ist die zu Ende gedachte Herdentiermoral.

Friedrich Nietzsche,
Unschuld des Werdens

Sosehr ich den Sozialismus als notwendig ansehe, so wird er nach meiner Meinung nicht die Lösung des Problems der internationalen Sicherheit herbeiführen.

Albert Einstein,
Über den Frieden

Liberalismus

Der liebe Gott ist liberal. Er ist aber auch der Einzige, der sich das leisten kann.

Werner Schneyder

Der Liberalismus ist die äußerste Großmut. Er ist das Recht, das die Majorität einräumt, und darum die edelste Losung, die auf dem Planeten erklungen ist. Er verkündet den Entschluss, mit dem Feind, mehr noch, mit dem schwachen Feind zusammenzuleben.

José Ortega y Gasset,
Aufstand der Massen,
Warum die Massen in alles eingreifen

Liberalität steht für Weltoffenheit. Wer Liberalität bewusst praktiziert, wird nicht die eigene Meinung verabsolutieren, er wird nicht dem Ideologen glauben, der sein System als Schlüssel zu Glück und Gerechtigkeit anpreist.

Marion Gräfin Dönhoff,
Macht und Moral

Eine ungute liberalistische Tradition vermittelte einen Abscheu vor allem Staatlichen, ließ überall den Teufel des Dirigismus aus dem Kasten springen mit der Folge der Staatsverdrossenheit und Staatsverachtung, an der wir heute schwer zu leiden haben. Auch Marktwirtschaft, auch demokratischer Kapitalismus, braucht den Staat, und zwar mehr als nur einen Nachtwächter.

Philipp Freiherr von Bethmann

Liberal ist, wer die Zeichen der Zeit erkennt und danach handelt.

Gustav Stresemann

Wenn alle Kämpfe um den Faschismus ausgekämpft und wenn die letzten freiheitlichen Emigranten dahingeschieden sind: Dann wird es eines Tages wieder sehr modern werden, liberal zu sein.

Kurt Tucholsky,
Blick in ferne Zukunft, 1930

Wenn ich von liberalen Ideen reden höre, so verwundere ich mich immer, wie die Menschen sich gern mit leeren Wortschällen hinhalten: Eine Idee darf nicht liberal sein! Kräftig sei sie, tüchtig, in sich selbst abgeschlossen, damit sie den göttlichen Auftrag, produktiv zu sein, erfülle!

Goethe,
Maximen und Reflexionen,
aus Kunst und Altertum, 1823

Der wahre Liberale sucht mit den Mitteln, die ihm zu Gebote stehen, so viel Gutes zu bewirken, als er nur immer kann; aber er hütet sich, die oft unvermeidlichen Mängel sogleich mit Feuer und Schwert vertilgen zu wollen. Er ist bemüht, durch ein kluges Vorschreiten die öffentlichen Gebrechen nach und nach zu verdrängen, ohne durch gewaltsame Maßregeln zugleich oft ebenso viel Gutes mit zu verderben. Er begnügt sich in dieser stets unvollkommenen Welt so lange mit dem Guten, bis ihn, das Bessere zu erreichen, Zeit und Umstände begünstigen.

Goethe,
zu Soret, 3.2.1830

Das Wesen der liberalen Anschauungsweise liegt nicht so sehr in den Meinungen, die vertreten werden, als in der Art und Weise, wie sie vertreten werden. Nicht dogmatisch, sondern mit dem Bewusstsein, dass neues Beweismaterial zu ihrer Aufgabe führen kann.

Bertrand Russell,
Unpopuläre Betrachtungen

Der Liberalismus ist weit eher eine tief eingewurzelte Vorstellung vom Leben als eine Frage der Politik. Er ist der Glaube, dass jedes menschliche Wesen frei sein muss, um sein individuelles, unübertragbares Schicksal zu erfüllen.

José Ortega y Gasset

Es kann ein Liberaler Minister sein, aber deshalb ist er noch kein liberaler Minister.

Wilhelm von Humboldt

Kommunismus

Der erste Akt, worin der Staat wirklich als Repräsentant der ganzen Gesellschaft auftritt – die Besitzergreifung der Produktionsmittel im Namen der Gesellschaft – ist zugleich sein letzter selbstständiger Akt als Staat. Das Eingreifen einer Staatsgewalt in gesellschaftliche Verhältnisse wird auf einem Gebiete nach dem anderen überflüssig und schläft dann von selbst ein. An die Stelle der Regierung über Personen tritt die Verwaltung von Sachen und die Leitung von Produktionsprozessen. Der Staat wird nicht »abgeschafft«, er stirbt ab.

Friedrich Engels,
Herrn Eugen Dührings Umwälzung der Wissenschaft

Kommunismus: Ausbeutung der Starken durch die Schwachen.

Pierre Joseph Proudhon

Es ist das letzte Ziel der marxistischen Revolution, alle Schmerzen in der Welt zu beseitigen.

Wladimir Iljitsch Lenin

Kommunismus ist der geheime Name des furchtbaren Antagonisten, der die Proletarierherrschaft in allen ihren Konsequenzen dem heutigen Bourgeoisieregime entgegensetzt. Es wird ein furchtbarer Zweikampf sein. Der Kommunismus, obgleich er jetzt so wenig besprochen wird und in verborgenen Dachstuben auf seinem elenden Strohlager hinlungert, so ist er doch der düstere Held, dem eine große, wenn auch nur vorübergehende Rolle beschieden ist in der modernen Tragödie.

Heinrich Heine, 20.6.1842

Der Kommunismus ist ein Tierversuch am lebenden Menschen.

Wolf Biermann

Der Kommunismus beginnt dort, wo einfache Arbeiter in selbstloser Weise, harte Arbeit bewältigend, sich Sorgen machen um die Erhöhung der Arbeitsproduktivität, um den Schutz eines jeden Puds Getreide, Kohle, Eisen und anderer Produkte, die nicht den Arbeitenden persönlich und nicht den ihnen Nahestehenden zugute kommen.

Wladimir Iljitsch Lenin,
Werke 29

Der Kommunist ist ein Sozialist in großer Eile.

G. W. Gough

Eine der Leistungen des Kommunismus besteht darin, dass er den Kapitalismus vor der Verkalkung bewahrt hat.

Pietro Quaroni

Wir wollen nicht die Verstaatlichung des Menschen, sondern die Vermenschlichung des Staates.

Johann Heinrich Pestalozzi

Mir scheint im Gegenteil, dass sich dort unmöglich zufrieden leben lässt, wo alles Gemeineigentum ist. Denn woher sollte die erforderliche Menge der Produkte kommen, wenn sich jeder um die Arbeit drückt, weil ihn ja doch keine Sorge um sein tägliches Brot anspornt und die Spekulation auf den Fleiß der anderen ihn faul macht?

Thomas More,
Utopia I

Karl Marx wäre mit der heutigen Situation nicht unzufrieden. Ganz sicher leben wir nicht in der Gesellschaft, die er sich als die kommunistische Gesellschaft vorstellte, doch hat er mit seiner Vision die Anhebung des Lebensstandards für die breite Masse im Auge gehabt, und das hat der Kapitalismus nun geschafft.

André Kostolany,
Weisheit eines Spekulanten

Mitgliederwerbung für die kommunistische Partei Ungarns nach dem Volksaufstand 1956:
Wer ein neues Mitglied bringt, ist ein halbes Jahr von sämtlichen Versammlungen befreit.
Wer fünf neue Mitglieder bringt, darf austreten.
Wer zehn neue Mitglieder bringt, erhält eine Bescheinigung, dass er der Partei nie angehörte.

Kapitalismus

Die Kräfte einer kapitalistischen Gesellschaft, werden sie nicht überwacht, tendieren dazu, die Reichen reicher und die Armen ärmer werden zu lassen.

Jawaharlal Nehru

Es ist ein Schönheitsfehler des Kapitalismus, dass er zwar allen die gleiche Chance gibt, geschäftstüchtig zu sein, es aber unterlassen hat, dafür zu sorgen, dass alle auch die gleiche Geschäftstüchtigkeit besitzen, um sie wahrzunehmen.

Sigmund Graff,
Vom Baum der Erkenntnis,
Aphorismen

Die Kapitalisten werden uns noch den Strick verkaufen, an dem wir sie aufhängen werden.

Wladimir Iljitsch Lenin

Kapitalismus: Die einen arbeiten für ihr Geld, die anderen lassen ihr Geld für sich arbeiten.

Gerhard Uhlenbruck,
Aphorismen

Für den alten Kapitalismus, mit der vollkommenen Herrschaft der freien Konkurrenz, war typisch der Export von Waren. Für den neuesten Kapitalismus, mit der Herrschaft der Monopole, ist der Export von Kapital typisch geworden.

Wladimir Iljitsch Lenin,
aus den Schriften 1895–1923

Das kapitalistische System besitzt die angeborene Neigung zur Selbstzerstörung.

Joseph Alois Schumpeter,
Capitalism, Socialism and Domocracy, 1942

Die Welt ist in keiner Weise auf den Untergang des Kapitalismus vorbereitet. Es könnte sehr unangenehm werden, wenn er jetzt schon in große oder gar tödliche Schwierigkeiten käme.

Robert Havemann

Wir sollten die Schwächen der Kapitalisten nicht überschätzen. Jedes Jahr werden sie von der Einkommensteuer ausgerottet, und jedes Jahr sind sie wieder da.

Andreij Smirnow

Freiheit

Räumt man alle Begünstigungen und Beschränkungen völlig aus dem Weg, so ergibt sich von selbst das klare und einfache System der natürlichen Freiheit. In ihm hat jeder Mensch, solange er nicht die rechtlichen Grenzen überschreitet, die vollkommene Freiheit, seine eigenen Interessen nach seinem Willen zu verfolgen und seine Arbeit und sein Kapital mit der Arbeit und dem Kapital anderer in Wettbewerb zu bringen.

Adam Smith,
Der Wohlstand der Nationen, 1776

Freiheit ist eine neue Religion, die Religion unserer Zeit.

Heinrich Heine,
Reisebilder, Englische Fragmente 13

Macht ist Pflicht – Freiheit ist Verantwortlichkeit.

Marie von Ebner-Eschenbach,
Aphorismen

Wie soll man eine Menge dazu bringen, sich für die Freiheit in großen Dingen einzusetzen, wenn sie nicht gelernt hat, in den kleinen von ihr Gebrauch zu machen?

Alexis Graf von Tocqueville,
Auswahl aus Werken und Briefen

Manche Politiker unserer Zeit pflegen es als einen sich von selbst verstehenden Satz hinzustellen, dass kein Volk frei sein dürfe, bis es fähig sei, sich seiner Freiheit zu bedienen. Dieser Grundsatz ist des Toren in der alten Geschichte würdig, der beschloss, nicht eher ins Wasser zu gehen, als bis er schwimmen gelernt hätte.

Thomas Babington Macaulay,
Kritische und historische Essays, Milton

Freiheit bedeutet Verantwortlichkeit. Das ist der Grund, weshalb die meisten Menschen sich vor ihr fürchten.

George Bernard Shaw

Freiheit ist ein Gut, das durch Gebrauch wächst, durch Nichtgebrauch dahinschwindet.

Carl Friedrich von Weizsäcker

Freiheit ist für die Gesellschaft, was die Gesundheit für den Einzelnen ist.

Lord Bolingbroke

Wenn die Entscheidung zwischen Freiheit und Zwang in jedem Einzelfall besonders zu entscheiden ist, wird die Freiheit fast immer den Kürzeren ziehen.

Friedrich August von Hayek,
Die Ursachen der ständigen Gefährdung der Freiheit, in Ordo 12

Die Freiheit ist ein Gut, das alle anderen Güter zu genießen erlaubt.

Charles-Louis de Montesquieu

Der Sinn von Politik ist Freiheit.

Hannah Arendt,
Was ist Politik?

Wer bereit ist, grundlegende Freiheiten aufzugeben, um sich kurzfristige Sicherheit zu verschaffen, der hat weder Freiheit noch Sicherheit verdient.

Benjamin Franklin

Eine freie Nation kann einen Befreier haben, eine unterjochte bekommt nur einen anderen Unterdrücker.

Ernst Moritz Arndt,
Wanderungen und Wandelungen mit dem Freiherrn vom Stein

Der Sklave will nicht frei werden. Er will Sklavenaufseher werden.

Gabriel Laub

Die glücklichsten Sklaven sind die erbittertsten Feinde der Freiheit.

Marie von Ebner-Eschenbach

Der Preis politischer Freiheit ist die Selbstbegrenzung des Individuums.

Adolf Löwe

Wer die Freiheit aufgibt, um Sicherheit zu gewinnen, wird am Ende beides verlieren.

Benjamin Franklin

Sicherheit erreicht man nicht, indem man Zäune errichtet, Sicherheit gewinnt man, indem man Tore öffnet.

Urho Kaleva Kekkonen

Liebe kann es ohne Erkenntnis in einem anderen, Freiheit ohne gegenseitige Anerkennung nicht geben.

Jürgen Habermas,
Dankrede zum Friedenspreis des deutschen Buchhandels, 16.10.2001

Dass jedes Individuum, jeder engere Kreis das Maß der Freiheit besitzt, welches überhaupt mit der Ordnung des Gesamtstaatswesens verträglich ist, das zu erreichen, diesem Zweck möglichst nahe zu kommen, halte ich für die Aufgabe jeder vernünftigen Staatskunst.

Otto Graf von Bismarck

Die Regierungen, welche die Freiheit der Rede unterdrücken, weil die Wahrheiten, die sie verbreitet, ihnen lästig sind, machen es wie die Kinder, welche die Augen zuschließen, um nicht gesehen zu werden.

Ludwig Börne,
Die Freiheit der Presse in Bayern

Es schlägt ja tatsächlich in der Regel jede Übertreibung in das Gegenteil um, in den Jahreszeiten, bei den Pflanzen und Körpern und nicht zum wenigsten bei den Verfassungen. Denn ein Übermaß von Freiheit schlägt beim Einzelnen wie beim Staat in ein Übermaß von Knechtschaft um.

Platon,
Der Staat

Zur Freiheit gehört es, abwechselnd zu regieren und regiert zu werden.

Aristoteles

Für eine Gemeinschaft, der die Mittel fehlen, um Lügen aufzudecken, kann es keine Freiheit geben.

Walter Lippmann

Eine freiheitliche Ordnung kann auf die Dauer eben nur bestehen, wenn auch im sozialen Sektor ein Höchstmaß an Freiheit, privater Initiative und Selbsthilfe gewährleistet wird.

Ludwig Erhard

Ich war immer der Meinung, dass uneingeschränkte Redefreiheit auch die größte Sicherheit bedeutet. Narren muss man zum Reden auffordern, damit sie erkannt werden.

Woodrow Wilson

Gesellschaft

Die Gesellschaft ist immer eine dynamische Einheit zweier Faktoren, der Eliten und der Massen.

José Ortega y Gasset,
Aufstand der Massen,
Die Tatsache der Überfüllung

Der Geist der Wahrheit und der Geist der Freiheit – dies sind die Stützen der Gesellschaft.

Henrik Ibsen

Eine freie Gesellschaft ohne soziale Verantwortung ist mörderisch.

Burkhard Hirsch

Eine Gesellschaft, in der sich einige wenige um das öffentliche Wohl kümmern und die anderen nicht, wird vermutlich degenerieren.

Helmut Schmidt,
Süddeutsche Zeitung, Magazin

Eine Gesellschaft von Schafen muss mit der Zeit eine Regierung von Wölfen hervorbringen.

Bertrand de Jouvenel

Die Gesellschaft leistet sich den Luxus der Altersverschrottung.

Norbert Blüm

Viele klagen über die menschliche Gesellschaft, ohne zu bedenken, dass diese Gesellschaft in einem Tage mehr für sie tat, als sie ihr ganzes Leben hindurch für sie getan haben. Die heftig Klagenden sind diejenigen, die ganz auf Kosten derselben gelebt, die Allerlautesten aber die, welche ihr geschadet haben.

Friedrich Maximilian von Klinger,
Betrachtungen und Gedanken

Wir haben in der deutschen Gesellschaft zu viele Schiedsrichter und zu wenige Spieler.

Lothar Späth

Ich halte die Gesellschaft für eine strikte Hierarchie aus Verdienst und Macht.

Jean-Paul Sartre

Moderne Gesellschaften verfügen über drei Ressourcen, aus denen sie ihren Bedarf an Steuerungsleistungen befriedigen können: Geld, Macht und Solidarität.

Jürgen Habermas,
Die Krise des Wohlfahrtsstaates und die Erschöpfung utopischer Energien

Eine Gesellschaft, die sich mehr leistet, als sie sich leisten kann, nennt sich Leistungsgesellschaft.

Werner Mitsch

Heute liegt die politische Vernunft nicht mehr dort, wo die politische Macht liegt. Es muss ein Zustrom von Intelligenz und Intuition aus nicht offiziellen Kreisen stattfinden, wenn Katastrophen verhütet oder gemildert werden sollen.

Hermann Hesse

In einer komplexen Gesellschaft hat der Mensch keine andere Wahl, als sich entweder an die für ihn blind erscheinenden Kräfte des sozialen Prozesses anzupassen oder den Anordnungen eines Übergeordneten zu gehorchen.

Friedrich August von Hayek,
Individualismus und wirtschaftliche Ordnung

So paradox es klingen mag: Eine erfolgreiche freie Gesellschaft wird immer in hohem Maße eine traditionsgebundene Gesellschaft sein.

Friedrich August von Hayek,
Die Verfassung der Freiheit, 1991

Bei der Verfolgung seiner eigenen Interessen unterstützt der Einzelne die Interessen der Gesellschaft erfolgreicher, als wenn er sie absichtlich unterstützen würde. Ich habe nie erfahren, dass die, die vorgeben, im öffentlichen Interesse zu handeln, zum Gemeinwohl etwas beigetragen haben.

Adam Smith,
Wealth of Nations, 1776

Die Gesellschaft möchte lieber unterhalten sein, als unterrichtet.

Adolf Freiherr von Knigge

Die Konsumenten sind die linke Hand des gesellschaftlichen Organismus, die Produzenten die rechte Hand, die Bankiers die Heimlichkeiten zwischen beiden.

Erich Kästner

Gleichheit

Sardinen wissen, dass Gleichmachen mit Kopfabschneiden beginnt.

Jeaninne Luczak

Solange es noch Verstand und Dummheit, Güte und Bosheit, Stärke und Schwäche in der Welt gibt, so lange werden die Menschen sich nicht gleich sein.

August von Kotzebue,
Der weibliche Jakobinerklub

Wenn die politische Handlungsbefugnis in der Hand des Volkes liegt, so ist gerade die Gleichheit eine Ungleichheit, da sie keine Abstufungen nach dem wahren Wert der einzelnen Personen zulässt.

Cicero

Die Fortschritte der Welt, wenn auch nicht auf dem Wege der Freiheit, doch wenigstens auf dem Wege der Gleichheit, haben die sozialen Zustände auf eine Höhe der Humanität gebracht, welche früheren Jahrhunderten einen Schauder erregt hätte. Die Unterschiede verschwinden. Der schlichte Bürger sitzt jetzt auf denselben Deputiertenbänken, auf die sonst nur Standesherren und Raubritter zugelassen wurden, und stimmt mit der Majorität, sodass, wenn seine Beschlüsse nicht von der oberen Kammer oder dem Bundestag vernichtet werden, er jetzt mit seiner Einwilligung ebenso viel bezahlen kann als vorher ohne dieselbe.

Franz Grillparzer,
Aphorismen, 1844

Gleichheit ist kein Naturgesetz. Das oberste Gesetz der Natur ist Unterordnung und Abhängigkeit.

Vauvenargues,
Reflexionen

Die allmähliche Entwicklung zur Gleichheit der gesellschaftlichen Verhältnisse ist also ein Faktum der Vorsehung. Dafür zeugen ihre wesentlichen Merkmale; sie ist universal, sie ist beständig, sie entzieht sich täglich der menschlichen Macht.

Alexis Graf von Tocqueville,
Auswahl aus Werken und Briefen

Was ist denn die Gleichheit anderes als die Verneinung aller Freiheit, alles Höheren und der Natur selbst? Die Gleichheit ist die Sklaverei.

Gustave Flaubert,
an Louise Colt, 16.5.1852

Die Nationen unserer Zeit können die Gleichheit in ihrer Mitte nicht verhindern; aber es hängt von ihnen ab, ob die Gleichheit sie zur Knechtschaft oder zur Freiheit, zur Bildung oder zur Barbarei, zum Wohlstand oder zum Elend führt.

Alexis Graf von Tocqueville,
Auswahl aus Werken und Briefen

Eine wirkliche Chancengleichheit kann sich doch nur auf Chancen beziehen, die tatsächlich der Staat bestimmt; aber die große Mehrzahl der Chancen ist durch Umstände bestimmt, deren Verschiedenheit die Grundlage unserer Leistungsfähigkeit bildet. Dass die Menschen verschiedene Begabungen haben, in verschiedenen Umgebungen leben, verschiedene Gewohnheiten haben, verschiedene Kenntnisse – alles das sind doch die Grundlagen der großen Nutzung aller Möglichkeiten. Die Menschen in Umstände zu versetzen, wo jeder die gleichen Chancen hat, ist extremer Totalitarismus.

Friedrich August von Hayek,
Interview in der Neuen Zürcher Zeitung vom 5.12.1981

Wenn alle Vorrechte der Geburt und des Vermögens aufgehoben sind, wenn alle Berufe allen offen stehen und jeder aus eigener Kraft in jedem Beruf zur höchsten Spitze aufsteigen kann, dann scheint sich dem Ehrgeiz der Menschen eine großartige und leicht zu bewältigende Laufbahn zu eröffnen, und sie sind geneigt, sich einzubilden, dass sie zu Großem berufen seien. Das aber ist ein Irrtum, den die Erfahrung täglich korrigiert. Gerade die Gleichheit, die jedem Bürger erlaubt, sich kühnen Hoffnungen hinzugeben, macht jeden Bürger als Einzelnen schwach. Indem sie seine Wünsche sich frei entfalten lässt, beschneidet sie zugleich von allen Seiten seine Kräfte.

Alexis Graf von Tocqueville,
Auswahl aus Werken und Briefen

Der höchste denkbare Grad der Gleichheit, der Kommunismus, ist, weil er die Unterdrückung aller natürlichen Neigungen voraussetzt, der höchste denkbare Grad der Knechtschaft.

Heinrich von Treitschke,
Historische und politische Aufsätze 3

Gesetzgeber oder Revolutionäre, die Gleichsein und Freiheit zugleich versprechen, sind Phantasten oder Scharlatans.

Goethe,
Maximen und Reflexionen, Nachlass, Über Literatur und Leben

Unermesslich ist die Macht des Neides gerade in freien, demokratischen Nationen. Die Vorstellung der Gleichheit wird krampfhaft festgehalten, eben weil sie nicht wahr ist, weil die Ungleichheit der Personen als solcher uns überall entgegentritt.

Heinrich von Treitschke,
Politik 1, 5

Ein Volk kann noch so große Anstrengungen machen, es wird ihm nicht gelingen, die gesellschaftlichen Verhältnisse bei sich vollkommen gleich zu machen; und sollte es das Unglück haben, diese absolute und vollständige Nivellierung zu erreichen, wird immer noch die Ungleichheit der geistigen Fähigkeiten bestehen bleiben, die, unmittelbar von Gott gegeben, sich stets der gesetzlichen Regelung entziehen wird.

Alexis Graf von Tocqueville,
Auswahl aus Werken und Briefen

In den demokratischen Völkern werden die Menschen mühelos eine gewisse Gleichheit erhalten; sie werden aber niemals die erreichen können, nach der sie sich sehnen. Sie entzieht sich ihnen täglich, ohne jemals ihren Blicken zu entschwinden, und reizt sie gerade durch ihr Zurückweichen, ihr weiter nachzujagen.

Alexis Graf von Tocqueville,
Auswahl aus Werken und Briefen

Wir leben alle unter dem gleichen Himmel, aber wir haben nicht alle den gleichen Horizont.

Konrad Adenauer

Eine absolute Gleichmacherei ohne jeden triftigen Grund ist jedoch zu bekämpfen, weil sie für den Kampf nicht erforderlich ist, sondern ganz im Gegenteil den Kampf behindert.

Mao Tse-Tung,
Parteidisziplin

An der Parole »Freiheit und Gleichheit« interessiert die Masse in Wahrheit nur die letztere. Mit der Freiheit, die im Gegensatz zu der ihr angeborenen Wollust des Gehorchendürfens steht, weiß sie wenig anzufangen.

Sigmund Graff

Bürger

Wer ist das würdigste Glied des Staates? Ein wackerer Bürger; unter jeglicher Form bleibt er der edelste Stoff.

Goethe,
Vier Jahreszeiten, 70

Eine Regierung ist so schlecht, wie die Bürger es zulassen, und so gut, wie die Bürger es erzwingen.

Pierre Salinger

In allen Staaten nun gibt es drei Klassen von Bürgern: sehr reiche, sehr arme und drittens solche, die zwischen beiden in der Mitte stehen. Da also die Voraussetzung gilt, dass das Gemäßigte und das Mittlere das Beste sei, so sieht man, dass auch in Bezug auf die Vermögensverhältnisse der mittlere Besitz von allen der beste sei. Ein solcher Vermögensstand gehorcht am leichtesten der Vernunft.

Aristoteles,
Politik 4, 11

So fällt der typische Bürger auf eine tiefere Stufe der gedanklichen Leistung, sobald er das politische Gebiet betritt. Er argumentiert und analysiert auf eine Art und Weise, die er innerhalb der Sphäre seiner wirklichen Interessen bereitwillig als infantil anerkennen würde. Er wird wieder zum Primitiven.

Joseph Schumpeter,
Kapitalismus, Sozialismus und Demokratie 1942 über den Wirklichkeitssinn des typischen Bürgers

Der unmündige Untertan ruft die Polizei. Der mündige Bürger informiert seinen Anwalt.

Nikolaus Cybinski

Das, worüber die Bürger der demokratischen Staaten heute am besten Bescheid wissen, sind ihre Ansprüche.

Gertrud Höhler,
Die Anspruchsgesellschaft

Wenn der Tor seinen Brei nur hat, was kümmert ihn dann Kirche und Staat!

Freidank,
Bescheidenheit

Wer sich nicht mit Politik befasst, hat die politische Parteinahme, die er sich sparen möchte, bereits vollzogen: Er dient der herrschenden Partei.

Max Frisch,
Tagebuch 1946–49

Keine Regierung und keine Bataillone vermögen Recht und Freiheit zu schützen, wo der Bürger nicht imstande ist, selber vor die Haustüre zu treten und nachzusehen, was es gibt.

Gottfried Keller,
Zürcher Novellen

Die freiheitliche Demokratie, will sie gelingen, ist ohne das Engagement ihrer Bürger nicht vorstellbar.

Wolfgang Schäuble,
Deutschland in Europa, in Mutmaßungen über das 21. Jahrhundert

Bürgertum

Die Bourgeoisie hat durch ihre Exploitation des Weltmarkts die Produktion und die Konsumption aller Länder kosmopolitisch gestaltet.

Karl Marx und Friedrich Engels,
Kommunistisches Manifest, 1848

Die Bourgeoisie hat das Land der Herrschaft der Stadt unterworfen. Sie hat enorme Städte geschaffen, sie hat die Zahl der städtischen Bevölkerung gegenüber der ländlichen in hohem Grade vermehrt und so einen bedeutenden Teil der Bevölkerung dem Idiotismus des Landlebens entrissen. Erst sie hat bewiesen, was die Tätigkeit des Menschen zustande bringen kann. Sie hat ganz andere Wunderwerke vollbracht als ägyptische Pyramiden, römische Wasserleitungen und gotische Kathedralen, sie hat ganz andere Züge ausgeführt als Völkerwanderungen und Kreuzzüge.

Karl Marx,
Das Manifest der Kommunistischen Partei

Die wilhelminische Gesellschaft wurde in ihrem Kern vom Bürgertum bestimmt, von Unternehmern, Kaufleuten, Handwerkern, Beamten und Angestellten, von Professoren und Lehrern, Ärzten, Rechtsanwälten, von Journalisten und Schriftstellern, Künstlern und Kritikern, von Ingenieuren und Architekten. Alter und neuer Mittelstand verbanden sich zu einer nicht etwa schrumpfenden, sondern im Gegenteil rasch wachsenden Schicht. Und erstmals gehörte zu ihr nicht nur der Traum, sondern die Realität eines zwar meist bescheidenen, aber gesicherten Wohlstands, der sich in Spitzenpositionen bald in Reichtum verwandelte.

Christian Graf von Krockow,
Die Deutschen in ihrem Jahrhundert 1890–1990

Partei

Die Parteien informieren und unterrichten das Volk nicht und erziehen es nicht zum Denken. Bei den Wahlen operieren sie nach Prinzipien der Reklametechnik. Ihre Handlungen bedenken die materiellen Interessen von Gruppen, deren Stimmen sie erwerben möchten.

Karl Jaspers,
Von der Demokratie zur Parteienoligarchie

Partei ist organisierte Meinung.

Benjamin Disraeli

Die Partei ist der Wahn vieler zum Nutzen weniger.

Alexander Pope

Wer sich einer Partei zugesellt, legt meist seinen Geistesaugen Scheuklappen an.

Otto von Leixner

Selbst bei einer absoluten Mehrheit ist es Aufgabe der Partei, weiter zu denken, als die Regierung handeln kann. Ist die Regierung zufrieden mit der Partei, dann hat die Partei nicht weit genug gedacht.

Egon Bahr

Die Parteien tanzen auf allen möglichen Hochzeiten. Doch Vordenker bei der politischen Willensbildung sind sie nicht.

Meinhard Miegel,
Es herrscht das Volk, in Konsens oder Konflikt?

Die Parteien sind für den Wähler zu ähnlich geworden, das ist nicht gut. Die Demokratie braucht den parlamentarischen Kampf, sonst wird die Bevölkerung gleichgültig, und das kann tödlich sein für die parlamentarische Demokratie.

Konrad Adenauer,
kurz nach dem Ausscheiden aus dem Kanzleramt

Die großen Parteien sind inzwischen Opfer der von ihnen mit aufgebauten Allzuständigkeit der Politik, Adressat grenzenloser Forderungen und Erwartungen der Bürger, die sie nicht einlösen können.

Hans-Joachim Veen,
Illusionen der Bürgergesellschaft

Nur eine Partei, die eine lernende Organisation ist oder wird, hat Zukunft.

Alois Glück,
Verantwortung übernehmen

Die Partei ist eine Kampfgemeinschaft von Intimfeinden.

Helmar Nahr

Was die Parteien dringender brauchen als Pep und PR ist eine neue Ethik des Politischen.

Antje Vollmer,
Vom Menschenrecht, sich selbst zu schonen

Die Parteien sind perfekte Apparate, um die Wahl und Wiederwahl all derer zu gewährleisten, die die Politik zu ihrem Beruf gemacht haben.

Manfred Lahnstein,
Die Feuerwehr als Brandstifter

Eine Partei kann immer nur Mittel sein. Und immer gibt es nur einen Zweck, die Macht.

Jean Paul Sartre,
Die schmutzigen Hände

Wie einfältig würde sich mancher, der sich in der Mitte seiner Anhänger mit seinen Beweisgründen bläht, mit den nämlichen Beweisen unter den Mitgliedern einer anderen Partei ausnehmen!

Jean-Jacques Rousseau,
Émile IV, Glaubensbekenntnis des savoyischen Vikars

Es ist die Natur der Parteien, ihre ursprünglichen Feindschaften weit fester zu bewahren als ihre ursprünglichen Grundsätze.

Thomas Macaulay

Freund – Feind – Parteifreund.

Konrad Adenauer

Je mehr Flügel eine Partei hat, desto weniger kommt sie vom Fleck.

Hans Apel

Es lebe die Fraktion, wenn auch die Welt darüber zugrunde geht!
Vivat fractio, pereat mundus!

Otto Graf von Bismarck,
im Reichstag, 9.5.1884

In der Fraktion verliert der Volksvertreter den Blick für das Allgemeine.

Otto Graf von Bismarck,
im Reichstag, 12.6.1882

Das Fegefeuer ist für mich, wenn ich in die Fraktion muss.

Konrad Adenauer

Ich würde niemandem raten, in eine bestimmte Partei einzutreten. Junge Leute, die sich für Politik interessieren, sollten möglichst viel zuhören, möglichst viel lesen, um sich ein eigenes Urteil zu bilden. Der Eintritt in eine Partei kann, muss sich aber nicht daraus ergeben.

Helmut Schmidt,
Süddeutsche Zeitung, Magazin

Die Reichen schätzen es, ihre Tafel und ihr optisches Prestige mit den hohen Würdenträgern des Parteien- und Staatsapparats zu schmücken, und verschmähen dabei keineswegs Sozialdemokraten.

Peter Brügge,
Die Reichen in Deutschland

CDU

Wir sind kein elegantes Schiff, das durch die Wellen gleitet. Wir sind ein Floß, und deshalb gehen wir nicht unter, und als Vorsitzender steht man immer bis zum Bauch im Wasser.

Helmut Kohl

Die CDU bin ich.

Helmut Kohl

Die CDU – zu viel Konvention, zu wenig Rock 'n' Roll.

Peter Maffay

SPD

August Bebel hat 1894 die deutsche Lehrerschaft aufgefordert, in die SPD einzutreten. Davon hat sich die Partei bis heute nicht erholt.

Holger Börner

Die Zukunft der Sozialdemokratie liegt nicht in den Koalitionen, sondern in einer fruchtbaren Isolierung, die nur ein Ziel kennt: die Einigung der Arbeiterschaft in einer großen, fest geschlossenen Partei.

Carl von Ossietzky,
Der Zeit den Spiegel vorhalten

Die SPD hat manchmal den Charme eines Finanzamts.

Renate Schmidt

FDP

Für uns werden keine Gewerkschaftslieder gesungen und keine Hirtenbriefe verlesen, wir sind auf uns allein gestellt. Wir sind eine tapfere Partei.

Hans-Dietrich Genscher

Bei der FDP ist Schauspielunterricht obligatorisch, weil wir ständig den Eindruck erwecken müssen, wir hätten eine große Partei hinter uns.

Hans-Dietrich Genscher

Neben den Kirchen sind die Liberalen die einzige gesellschaftliche Kraft, die Erfahrung hat mit der Wiederauferstehung.

Jürgen Morlok

Grüne

Wer sich zu grün anzieht, den frisst die Ziege.

Gerhard Schröder

Opposition ist für uns die Grundlage von allem. Diese zu verlieren, bedeutet die eigene Existenz aufs Spiel zu setzen.

Joschka Fischer

Wenn es nach den Grünen gegangen wäre, bestände das Handy immer noch aus zwei mit einer Kordel verbundenen Joghurtbecher.

Guido Westerwelle

Lieber ein Haus im Grünen als einen Grünen im Haus.

Friedrich-Adolf Jahn
und Kurt Beck

PDS

Die PDS ist eine Art Biotop für solche, die noch nicht voll in der Demokratie angekommen sind.

Joachim Gauck

PDS-Mitglieder: linke Grottenolme.

Renate Künast

Die PDS träumt noch immer vom umfassenden Bemutterungsstaat, der in der Konsequenz ein Bevormundungsstaat werden muss. Dieser unbedingte Glaube an den Staat – der entweder Erfüllungsgehilfe des bösen Kapitals oder aber Beglückungsstaat ist – entmündigt die Menschen und macht die PDS zu einer konservativen, recht eigentlich reaktionären Partei.

Gerhard Schröder,
Und weil wir unser Land verbessern,
Brief an Richard von Weizsäcker

Sozialist

Wer war der erste Sozialist? Kolumbus! Denn er wusste nicht, wohin die Reise geht. Als er am Ziel ankam, wusste er nicht, wo er war. Und das Reisegeld hat er sich auch noch gepumpt.

Franz Josef Strauß

Wer vor seinem dreißigsten Lebensjahr niemals Sozialist war, hat kein Herz. Wer nach seinem dreißigsten Lebensjahr noch Sozialist ist, hat keinen Verstand.

Bernedetto Croce

Die Sozialisten sind mit allen Mächten verbündet, welche das Herkommen, die Sitte, die Beschränkung zerstören; neue konstitutive Fähigkeiten sind bei ihnen noch nicht sichtbar geworden.

Friedrich Nietzsche,
Aus der Zeit des Menschlichen, Allzumenschlichen, Staat, Sozialismus

Konservativ

Revolutionäre versuchen, neue Fehler auszudenken, Konservative versuchen, mit den vorhandenen auszukommen.

Hans Kasper,
Nachrichten und Notizen

Konservative sehen Veränderungen nicht als Selbstzweck. Deshalb ist nicht jede Veränderung für sie automatisch Fortschritt. Sie stehen für eine Politik des »geprüften Fortschritts«. Dadurch wirkt die konservative Grundposition als Stabilitätsanker.

Alois Glück,
Verantwortung übernehmen

Für Konservative nimmt Ordnung einen hohen Stellenwert ein. Der Rechtsstaat ist für Konservative in diesem Sinne auch das wichtigste Ordnungselement.

Alois Glück,
Verantwortung übernehmen

Der Konservativismus war nie ein geschlossenes Lehrgebäude. Das konservative Element, die Weitergabe von Traditionswissen, Erfahrungen und kulturellen Prägungen, ist entscheidend für die Identität der Menschen und damit ganz wesentlich auch für ihre Selbstgewissheit.

Alois Glück,
Verantwortung übernehmen

Der radikalste Revolutionär wird ein Konservativer am Tag nach der Revolution.

Hannah Arendt

Linke

Die Linken sind an das Anti festgeschmiedet wie Prometheus an seinen Felsen.

Antje Vollmer

Die Linke ist im Moment nicht in der Lage, eine Vision zu formulieren. Es ist eine traurige Tatsache, dass es zurzeit nur eine einzige prominente Figur in der Weltöffentlichkeit gibt, die verkündet, dass es noch eine bessere Gesellschaftsordnung als den Kapitalismus geben muss – und das ist der Papst in Rom.

Eric Hobsbawm,
Süddeutsche Zeitung, 27.3.2001

Auf der Linken haben wir es derzeit fast überall mit Buchhaltern, nicht mit inspirierenden Politikern zu tun.

Robert Jungk

Die Welt der jugendlichen Neolinken ist die alte romantische Welt des Knabenalters: Sie wollen spielen oder spektakuläre Taten tun, nicht aber acht Stunden täglich an einer Maschine stehen, an einem Schreibtisch sitzen, irgendeine banale und mühselige Kleinarbeit verrichten.

Gerhard Szczesny,
Das sogenannte Gute 1

Leider sind Linke oft die größten Rechthaber. Das ist geradezu eine Krankheit bei uns. Vor allem dann, wenn sich Rechthaberei noch mit der Angst vor Veränderungen mischt.

Lothar Bisky,
Süddeutsche Zeitung, Magazin

Links sein heißt aber nicht, den Grünen jeden basisdemokratischen Quatsch nachzumachen.

Lothar Bisky,
Süddeutsche Zeitung, Magazin

Rechts-links

Immer wieder dasselbe: Rechtsaußen sind sie dumm – links außen sind sie hysterisch.

Lore Lorentz

Für manchen ist einer schon rechts, wenn er morgens pünktlich zur Arbeit kommt, und links, wenn er eine berufstätige Frau hat.

Heiner Geißler

Eine Rechte, die in allem Linken den vermeintlichen Schatten des Sowjetismus bekämpft, läuft Gefahr, selbst von rechts überrannt zu werden.

André Gorz,
Frankfurter Allgemeine Zeitung, 17.3.1993

Die Ausbeuter, die kapitalistischen und die sozialistischen, sind weder rechts noch links, sondern Ausbeuter.

Ludwig Marcuse,
Argumente und Rezepte,
Ein Wörter-Buch für Zeitgenossen

Nach »rechts« gehören alle Ideologien und Programme, die entschlossen sind, sich zur Aufrechterhaltung der bestehenden oder zur Durchsetzung einer neuen Ordnung über das konkrete Wohl der konkreten Mitglieder einer Gesellschaft hinwegzusetzen. Als »links« wären nur solche Forderungen zu bezeichnen, die die tatsächliche Existenzverbesserung, Bewusstseinserweiterung, Entfaltungsfreiheit des tatsächlich hier und heute lebenden Menschen im Sinne haben. Dort, wo die Linke die Durchsetzung eines Systems über das Wohl des Einzelnen stellt, wird aus ihr eine rechte Position.

Gerhard Szczesny,
Das sogenannte Gute 1

Ideologie

Ideologen sind Leute, die glauben, dass die Menschheit besser sei als der Mensch.

Dwight David Eisenhower

Ideologie ist Ordnung auf Kosten des Weiterdenkens.

Friedrich Dürenmatt

Mit den Erleuchteten ist es wie mit den Revolutionären: Sobald sie sich durchgesetzt haben, schränken sie die Existenz von Erleuchtungen und das Recht auf Revolutionen ein.

Ludwig Marcuse,
Argumente und Rezepte,
Ein Wörter-Buch für Zeitgenossen

Jede Lehre, die sich als absolute Wahrheit setzt, ist ein Herd von Kriegen.

Ludwig Marcuse,
Argumente und Rezepte,
Ein Wörter-Buch für Zeitgenossen

Die Historiker verfälschen die Vergangenheit, die Ideologen die Zukunft.

Zarko Petan

Fanatismus

Niemals gab es eine Partei oder Sekte, worin die Unwissenden nicht zugleich die Heftigsten waren.

Alexander Pope

Vom Fanatismus zur Barbarei ist es nur ein Schritt.

Denis Diderot

Der Radikale steht mit beiden Beinen fest in der Luft.

Franklin Delano Roosevelt

Nationalismus

Die Intellektuellen von heute versuchen, den Nationalismus als eine Sünde gegen die Menschlichkeit zu brandmarken. Sie versuchen, uns glauben zu machen, dass dem Wort Nationalismus eine Infamie anhängt. Aber sie verkennen, dass der Geist des Nationalismus aus der schöpferischen Tiefe der menschlichen Seele stammt. Dass er aufsteigt von dort als das gewaltige Verlangen der Menschen, frei zu sein, frei von fremder Herrschaft, und sich nach eigener Art selber zu regieren!

Herbert Hoover

Was ist Nationalismus? Das ist ein Patriotismus, der seine Vornehmheit verloren hat.

Albert Schweitzer

Der Nationalismus, das ist die Liebe, die mich mit den Dummköpfen meines Landes verbindet, mit den Beleidigern meiner Sitten und mit den Schändern meiner Sprache.

Karl Kraus,
Sprüche und Widersprüche

Die Entfesselung aus den Banden des Nationalismus aber wird nicht sowohl durch Kongresse und Schiedsverträge geschehen als durch wirtschaftliche Verständigung.

Walther Rathenau,
Kritik der Zeit

Nationalismus: Niedertracht in Volkstracht.

Vytautas Karalius

Der philosophische Nationalismus funktioniert etwa gleich gut wie ein quadratisches Rad.

André Glucksmann

Nationalsozialismus

Ich wünsche dem Führer nichts sehnlicher als einen Sieg.

Papst Pius XII.

Mitleid erregen zu wollen, Deutschland zu verteidigen und zu entschuldigen, wäre gewiss für einen deutsch Geborenen heute kein schicklicher Vorsatz. Den Richter zu spielen, aus Willfährigkeit gegen den unermesslichen Hass, den sein Volk zu erregen gewusst hat, es zu verfluchen und zu verdammen und sich selbst als das »gute Deutschland« zu empfehlen, ganz im Gegensatz zum bösen, schuldigen dort drüben, mit dem man gar nichts zu tun hat, das scheint mir einem solchen auch nicht sonderlich zu Gesichte zu stehen.

Thomas Mann,
Deutschland und die Deutschen, Rede anlässlich seines 70. Geburtstags, 1945

Ein Programmwort wie »Das Dritte Reich« übte einen mystischen Zauber aus, dem wir Deutschen so leicht erliegen. Es hatte den Klang einer prophetischen Verheißung.

Carl Zuckmayer,
Als wär's ein Stück von mir, Horen der Freundschaft

Eines mag diese Geschichte uns zu Gemüte führen: dass es nicht zwei Deutschland gibt, ein böses und ein gutes, sondern nur eines, dem sein Bestes durch Teufelslist zum Bösen ausschlug.

Thomas Mann,
Deutschland und die Deutschen, Rede anlässlich seines 70. Geburtstags, 1945

Wer hier als Deutscher spricht, muss sich die innere Freiheit zutrauen, die volle Grausamkeit der Verbrechen, die hier von Deutschen begangen wurden, zu erkennen. Wer sie beschönigen oder bagatellisieren wollte oder gar mit der Berufung auf den irregegangenen Gebrauch der so genannten »Staatsraison« begründen wollte, der würde nur frech sein.

Theodor Heuss,
Das Mahnmal, Rede zur Weihe des Gedenksteins auf dem Boden des ehemaligen Konzentrationslagers bei Bergen-Belsen, 1952

Während des Kriegs hat das nationalsozialistische Regime viele Völker gequält und geschändet. Am Ende blieb nur noch ein Volk übrig, um gequält, geknechtet und geschändet zu werden: das eigene, das deutsche Volk. Immer wieder hat Hitler ausgesprochen: Wenn das deutsche Volk schon nicht fähig sei, in diesem Krieg zu siegen, dann möge es eben untergehen.

Richard von Weizsäcker,
Zum 40. Jahrestag der Beendigung des Krieges in Europa und der Nationalsozialistischen Gewaltherrschaft, 1985

Der Staat hat das Recht, gegen Auswüchse des Judentums in seinem Bereich vorzugehen.

Kardinal Michael Faulhaber,
20.10.1936

Ich bin der Überzeugung, dass unser Volk, besonders heute, in seiner allmählichen rassischen Besserung den Höchstwert darstellt, den es zurzeit überhaupt auf dieser Erde gibt.

Adolf Hitler,
Rede vor der deutschen Presse, 1938

Wir haben zu viele Alkoholiker, zu viel Geschlechtskranke, zu viele Kinder in Hilfsschulen, zu viel ethisch Unzuverlässige. Ihre Zahl in Zukunft einzudämmen ist eine ganz wichtige Aufgabe.

Hermann Muckermann

Man hat zu tun mit dem deutschen Schicksal und deutscher Schuld, wenn man als Deutscher geboren ist.

Thomas Mann,
Deutschland und die Deutschen, Rede anlässlich seines 70. Geburtstags, 1945

Was sind viele Antihitlerianer geworden, nachdem Hitler abging? Dasselbe, was sie vor ihm waren: der Dung, auf dem er entstanden ist.

Ludwig Marcuse,
Argumente und Rezepte,
Ein Wörter-Buch für Zeitgenossen

Sie sind als das Oberhaupt des Deutschen Reiches für uns gottgesetzte Autorität, rechtmäßige Obrigkeit, der wir im Gewissen Ehrfurcht und Gehorsam schulden.

Kardinal Michael Faulhaber,
auf dem Obersalzberg
an den »Führer«, 4.11.1936

Die deutschen Bischöfe haben, wie ihr selber wisst, von Anfang an vor den Irrlehren und Irrwegen des Nationalsozialismus ernstlich gewarnt.

Kardinal Michael Faulhaber,
nach der Befreiung im Mai 1945
unterschreibt Faulhaber als Erster einen
Hirtenbrief des bayerischen Episkopats

IV. Kapitel

Mensch

Wir leben in einem lügenhaften, sehr heruntergekommenen Zeitalter. Die heutige Jugend zeigt kaum noch Respekt vor den Eltern. Sie ist von Grund aus verdorben, voller Ungeduld und ohne jede Selbstbeherrschung. Über die Erfahrungen und Weisheiten der Älteren spottet sie. Das sind sehr bedenkliche Zeichen, und man muss vermuten, dass sich darin Verderben und Untergang des Menschengeschlechts drohend ankündigen.

Ägyptische Steintafel des Mittleren Reiches aus Ur, 2100 bis 1700 vor Christus

Nehmen Sie die Menschen, wie sie sind, andere gibt's nicht.

Konrad Adenauer

Der Mensch ist ein politisches Wesen.

Aristoteles

Jeder Mensch kommt mit einer sehr großen Sehnsucht nach Herrschaft, Reichtum und Vergnügen sowie einem starken Hang zum Nichtstun auf die Welt.

Voltaire

Der Mensch ist für eine freie Existenz gemacht, und sein innerstes Wesen sehnt sich nach dem Vollkommenen, Ewigen und Unendlichen als seinem Ursprung und Ziel.

Matthias Claudius,
Vorrede zu Fénélons Werken religiösen Inhalts

Ich bin der Meinung, dass der Mensch im Mittelpunkt der politischen Bemühungen stehen muss; und darunter verstehe ich den konkreten Menschen, nicht einen gedachten Menschen, nicht einen konstruierten Menschen, nicht einen Idealmenschen, sondern den Menschen, wie er wirklich ist.

Herbert Wehner,
Gespräch mit Günter Gaus, 1966

Wissen allein reicht zur Führung in unserer so schwierig gewordenen Gesellschaft nicht mehr aus. Wer bloß die Sache weiß und von dem Menschen, mit dem er zu tun hat und den sie betrifft, nichts oder nicht genug, der war umsonst auf der Universität.

Alfons Goppel

Humanität besteht darin, dass niemals ein Mensch einem Zweck geopfert wird.

Albert Schweitzer

Politische Entscheidungen können die letzten Dinge des Lebens nicht regeln, und Parteiprogramme bieten keine Antwort auf die Frage nach dem Sinn des Lebens.

Helmut Kohl,
Die Parteien in der freiheitlichen Bürgergesellschaft, 19.7.1992, Welt am Sonntag

In der Politik erscheint der Mensch als das, was er ist, mit seinen guten und bösen Möglichkeiten, mit Misstrauen, Furcht und Hass, mit Egoismus und Altruismus, sportlichem Wetteifer, Freude am hilfreichen Werk, Machtgier, Sicherheitsbedürfnis, Grausamkeit, mit hohen Idealen und niederen Leidenschaften.

Golo Mann,
Deutsche Geschichte des 19. und 20. Jahrhunderts

Die Götter wenden den guten Menschen gegenüber dasselbe Prinzip an wie die Lehrer bei ihren Schülern. Sie verlangen höhere Leistungen von denen, auf die sie größere Hoffnungen setzen.

Seneca,
an Lucilius

Ich habe überhaupt keine Hoffnung mehr in die Zukunft unseres Landes, wenn einmal unsere Jugend die Männer von morgen stellt. Unsere Jugend ist unerträglich, unverantwortlich und entsetzlich anzusehen.

Aristoteles

Familie

Die Familie ist, wenn man so will, das erste Modell der politischen Gesellschaften; das Staatsoberhaupt entspricht dem Bild eines Vaters und das Volk dem der Kinder, alle sind gleich und frei geboren und entäußern sich ihrer Freiheit nur, wo es ihnen Nutzen bringt.

Jean-Jacques Rousseau,
Vom Gesellschaftsvertrag oder Grundlagen des politischen Rechts

In der sozialen Marktwirtschaft gilt das Prinzip: Leistung soll belohnt werden. In den Familien gewinne ich oft den Eindruck, dass dort mit gegenteiligen Grundsätzen gearbeitet wird. Sobald die Forderung erhoben wird, Leistung der Familien müsse belohnt werden, stellt sich sofort die Frage, wie das denn überhaupt finanziert werden könne.

Rita Süssmuth, Grußansprache, 71. Deutscher Fürsorgetag, 1986

Völlig aus dem Blick geraten scheint der Sachverhalt, dass das Humanvermögen einer Gesellschaft primär durch die Leistungen der Familien begründet wird und dass wir familiärer Aktivitäten und Anstrengungen vom Beginn unseres Lebens bis zu dessen Ende bedürfen.

Karlheinz A. Geißler,
Zeit – verweile doch …

Vielleicht wissen Sie, dass der jeweilige Bundespräsident der Patenonkel oder die Patentante von dem siebten Kind in einer Familie ist, sofern die Familie dies wünscht. In etwa zehn Jahren hatte Heuss 16 000 Patenkinder und Lübke 24 000 Patenkinder, in fünf Jahren hatte Heinemann ungefähr 11 000 Patenkinder, Scheel noch 4500 und Carstens 1500. Ich habe in knapp zweieinhalb Jahren gerade noch 500 Patenkinder.

Richard von Weizsäcker,
Eröffnungsansprache,
71. Deutscher Fürsorgetag, 1986

Und schließlich wird es höchste Zeit für Frauen, dass ihre Männer in die Familien zurückkehren und dort mitarbeiten. Alle schönen Sprüche über Gleichberechtigung und Emanzipation von Frauen einschließlich des erhabenen Artikels 3 des Grundgesetzes bleiben leeres Gerede und Makulatur, solange Männer nicht gleichermaßen wie Frauen auch Familienaufgaben übernehmen.

Susanne von Paczensky,
Frauen aktuell, 1978

Die Familie ist keine isolierte Insel. Nach wie vor sind die Familien entscheidend für das humane und soziale »Kapital« einer Gesellschaft.

Alois Glück,
Verantwortung übernehmen

Das »System Familie« funktioniert durch die Verantwortung füreinander und die Gemeinschaft miteinander.

Alois Glück,
Verantwortung übernehmen

Familie und Kinder bedeuten für die Männer und Frauen der modernen kapitalistischen Gesellschaft weniger, als sie es früher taten, und sind daher als Bildner ihres Verhaltens weniger einflussreich.

Joseph A. Schumpeter,
Die Auflösung der bürgerlichen Familie

Eine Gemeinde kann ihr Geld nicht besser anlegen, als, indem sie Geld in Babys steckt.

Winston Churchill

Die Familie besorgt, als eine der wichtigsten erzieherischen Mächte, die Reproduktion der menschlichen Charaktere, wie sie das gesellschaftliche Leben erfordert, und gibt ihnen zum großen Teil die unerlässliche Fähigkeit zu dem besonders gearteten autoritären Verhalten, von dem der Bestand der bürgerlichen Ordnung in hohem Maße abhängt.

Max Horkheimer

Durch Anleihen von Familie zu Familie wird mehr geholfen als durch sämtliche Geldverleihgeschäfte.

Henry Ford,
Erfolg im Leben

Frau

Eine Frau in der Politik wird durch die Politik verändert. Mehr Frauen in der Politik verändern die Politik.

Heidemarie Wieczorek-Zeul

Es wirkt normaler, in eine Ministerrunde zu blicken, in der auf jedem zweiten Stuhl eine Frau sitzt.

Gro Harlem Brundland

Der Schleier schützt Frauen nicht, er nimmt ihnen ihre öffentliche Rolle.

Fatima Mernissi

Napoleon zu einer Dame: »Ich liebe nicht, wenn sich Frauen in die Politik einmischen.«
Sie erwiderte: »In einem Lande, wo man ihnen die Köpfe abschneidet, dürfen sie doch wohl fragen, warum? Oder nicht?«

Mann

Große Männer werden nicht durch Propaganda gemacht, sondern wachsen durch ihre Taten und werden anerkannt von der Geschichte.

Franz von Papen,
Marburger Rede, 1934

O, dass die Männer nur ins Weite streben!
Sie nennen's Staat, das allgemeine Beste,
was doch ein Trachten nach dem Fernen nur.
Gibt's denn ein Bestes, das nicht auch ein Nächstes? (Lucretia)

Grillparzer,
Ein Bruderzwist in Habsburg IV

Jeder Mann der Tat besitzt eine starke Dosis Geltungsbedürfnis, Stolz, Härte und Verschlagenheit. Aber all diese Dinge werden ihm vergeben sein, sie werden sogar als hervorragende Eigenschaften angesehen werden, wenn er durch sie großartige Leistungen vollbringen kann.

Charles de Gaulle,
Le Fil de L'Épée

Die Nationalgottheit trägt männliche Züge.

Carl von Ossietzky,
Der Zeit den Spiegel vorhalten

Großen Männern gegenüber, besonders wenn ihnen in ungewöhnlichem Maße kraftvolle Männlichkeit innewohnt, ist die Welt wie ein Weib. Sie hat für sie nicht nur Bewunderung, sondern Liebe; denn ebenjene Stärke bezaubert sie.

Giacomo Graf Leopardi,
Gedanken 74

Die Mehrzahl der großen Männer hat den größten Teil ihres Lebens mit anderen Menschen zugebracht, welche sie nicht begriffen, nicht liebten und sie nur mäßig schätzten.

Vauvenargues,
Nachgelassene Maximen

Große Männer schaffen ihre Zeiten nicht, aber sie werden auch nicht von ihnen geschaffen.

Leopold von Ranke

Voll von feierlichen Possenreißern ist der Markt, und das Volk rühmt sich seiner großen Männer.

Friedrich Nietzsche,
Zarathustra I,
Von den Fliegen des Marktes

Wo die Männer versagen, da ruft man nach *dem* Mann.

Carl von Ossietzky,
Der Zeit den Spiegel vorhalten

Charakter

Der schlimmste Fehler in der Politik ist die Feigheit vor dem Freund.

Ralph Boller

Optimisten sind in aller Regel Zeitgenossen, die unzureichend informiert sind.

John B. Priestley

Nichts ist schwieriger und nichts erfordert mehr Charakter, als sich im offenen Gegensatz zu seiner Zeit zu befinden und laut zu sagen: NEIN.

Kurt Tucholsky

Hab nur den Mut, die Meinung frei
zu sagen
und ungestört!
Es wird den Zweifel in die Seele
tragen,
dem, der es hört,
Und vor der Lust des Zweifels
flieht der Wahn.
Du glaubst nicht,
was ein Wort oft wirken kann.

Goethe

Journalisten und Politiker reichen vom Verbrecher bis zum Genie.

Helmut Schmidt,
Zitat von Marion Gräfin Dönhoff,
Macht und Moral

Wenn man die Redlichkeit eines Politikers allzu laut betont, zweifelt man an seinen Fähigkeiten.

Charles-Maurice de Talleyrand-Périgord

Was uns als Größenwahn erscheint, ist nicht immer eine Geisteskrankheit. Oft genug ist es nur die Maske eines Menschen, der an sich verzweifelt.

Arthur Schnitzler

Der Größenwahnsinnige unterscheidet sich vom Narziss durch die Tatsache, dass er lieber mächtig als charmant sein möchte, lieber gefürchtet als geliebt. Zu diesem Typus zählen viele Wahnsinnige und die meisten großen Männer der Geschichte.

Bertrand Russell,
The Conquest of Happiness, 1930

Politik verdirbt den Charakter.

Verfasser unbekannt

Politik verdirbt nicht den Charakter. Politik decouvriert den Charakter.

Gerhard Zech

Das Geheimnis jeder Macht besteht darin zu wissen, dass andere noch feiger sind als wir.

Ludwig Börne,
Der Narr im Weißen Schwan 2

Tatkraft

Unser Problem ist nicht die Unwissenheit, sondern die Tatenlosigkeit.

Dale Carnegie

Nichts geschieht ohne Risiko. Aber ohne Risiko geschieht auch nichts!

Walter Scheel

Die Überlegung ist die Arbeit vieler Männer. Die Tat die eines Einzelnen.

Charles de Gaulle,
Les Mémoires de Guerre, 1954

Handeln bedeutet oft einen Kompromiss mit irgendeiner Form des Bösen.

David Owen

Jeder Schritt wirklicher Bewegung ist wichtiger als ein Dutzend Programme.

Karl Marx

Leute, die jedes Risiko scheuen, gehen das größte Risiko ein.

George F. Kennan

Immer stand der Schaffende im Nachteil gegen den, der nur zusah und nicht selbst die Hand anlegte; wie zu allen Zeiten der politische Kannegießer klüger, gerechter und überlegsamer war als der regierende Staatsmann.

Friedrich Nietzsche,
Unzeitgemäße Betrachtungen

Verantwortung

In der Politik müsste gelten, was in der Medizin gilt: Wer nicht aufklärt, haftet.

Jürgen Borchert

Verantwortung zu haben heißt doch gewöhnlich, Menschen, die von einem abhängig sind, zu stützen, zu schätzen oder Vorstellungen verwirklichen zu wollen, die im Augenblick und für das zukünftige Wohl der Gruppe wichtig erscheinen. Dieser Wunsch, dem Schwächeren zu helfen, geht auf positive Identifikationen mit den Eltern zurück und bleibt in jedem Fall ein wichtiger Antrieb des Politikers.

Alexander und Margarete Mitscherlich,
Die Unfähigkeit zu trauern

Es gibt keine Handlung, für die niemand verantwortlich wäre.

Otto Graf von Bismarck

Es gibt keine politische Verantwortung ohne Moral.

Wolfgang Schäuble,
Deutschland in Europa, in Mutmaßungen über das 21. Jahrhundert

Wer alles Gute zu verantworten sucht, bietet sich selber als Sündenbock für alles Schlechte an.

Oskar Lafontaine,
Wunschlos unglücklich?

Die Suche nach den Sündenböcken ist von allen Jagdarten die einfachste.

Dwight David Eisenhower

Der Preis der Größe heißt Verantwortung.

Winston Churchill,
Rede an der Harvard-Universität, 6.9.1943

Die Scheu vor der Verantwortung ist die Krankheit unserer Zeit.

Otto Graf von Bismarck

Kampf um eine Macht und die aus dieser Macht folgende Eigenverantwortung für seine Sache ist das Lebenselement des Politikers wie des Unternehmers.

Max Weber,
Gesammelte Politische Schriften

Eine wirkliche Verantwortlichkeit in der großen Politik kann nur ein leitender Minister, niemals ein anonymes Kollegium mit Majoritätsabstimmung leisten.

Otto Graf von Bismarck,
Gedanken und Erinnerungen

Wir müssen unseren Teil der Verantwortung für das, was geschieht, und für das, was unterbleibt, aus der öffentlichen Hand in die eigenen Hände zurücknehmen.

Erich Kästner

Wer heute falsche Hoffnungen weckt, weckt morgen echte Enttäuschung.

Richard Nixon

Man müsste eine Wirtschaftsordnung finden, in der jeder die Kosten für das, was er anrichtet, selbst trägt, statt sie auf andere abzuwälzen.

Hoimar von Ditfurth

Ruhm

Ruhm ist, mitgedacht zu werden, wenn an ein ganzes Volk gedacht wird.

Wilhelm Raabe,
Gedanken und Einfälle

Nicht selten kannst du in der Weltgeschichte lesen,
der Weg der Pflicht sei auch der Pfad zum Ruhm gewesen.

Tennyson

Helden erobern in unserem Jahrhundert nicht mehr, sie demontieren Fehlentwicklungen und Fehlkonstruktionen. So gesehen, ist Gorbatschow ein Held.

Gregor Gysi,
Adieu DDR – Der Zukunft zugewandt, in Neues Deutschland vom 3.10.1990

Man muss den Ruhm der Menschen an den Mitteln messen, derer sie sich bedient haben.

La Rochefoucauld,
Reflexionen

Ein britischer Diplomat auf die Frage, warum es am Wohnsitz des Generals De Gaulle, in Colombey-les-deux-Églises, zwei Kirchen gebe: »Ich nehme an, in der anderen wird Gott verehrt.«

Aus Witze, Fabeln, Anekdoten von
Eberhard Puntsch

Das Zeugnis, einige Wahrheiten entdeckt und einige Irrtümer zerstört zu haben, ist nach meiner Meinung die schönste Trophäe, welche die Nachwelt zum Ruhme eines großen Mannes errichten kann.

Friedrich II. von Preußen

Die Achtung, die wir in der Welt besitzen, leistet oft mehr als die mächtigsten Heere.

Ludwig XIV.,
Memoiren

Dieselbe Tat wird oft, je nachdem ihr Urheber berühmt oder unberühmt ist, entweder bis zum Himmel erhoben oder in den Abgrund verdammt.

Plinius,
an Macer

Jeder Unsterbliche ist ein unverdauter Stein im Magen der Menschheit.

Christian Friedrich Hebbel

Es ist eine verabscheuenswerte Schwäche der Menschen, bewundernd zu jenen emporzuschauen, die ihnen auf glänzende Art Böses angetan haben. Sie sprechen lieber vom Zerstörer eines Reichs als von dessen Gründer.

Voltaire

Ich verurteile mit Ihnen die Unsitte, Objekten aller Art Namen zu geben von Personen, die noch leben. Der Tod allein siegelt den Ruf eines ehrenwerten Mannes; denn er nimmt ihm die Macht, ihn zu verspielen.

Thomas Jefferson,
an Benjamin Rush, 1800

Auszeichnung

Unser Verdienst verschafft uns die Anerkennung ehrenwerter Menschen, unser Glück aber die der Menge.

La Rochefoucauld

Nur Anmerkungen sind sie, die Herrn, zum Text der Geschichte.
Darum hat man sie auch alle mit Sternchen verseh'n.

Georg Herwegh,
Die Dekorierten

Das ist ein elendes Volk an Heldenmut und Verstand, wo bei jeder Kleinigkeit eine Ehrensäule muss aufgerichtet werden.

Wilhelm Heinse,
Ardinghello I

Titel nennt man die tiefen Gräben um die Festung Mensch.

Hans Arndt

Titel zeichnen den Mittelmäßigen aus, bringen den Hochstehenden in Verlegenheit und werden vom Tieferstehenden herabgesetzt.

George Bernard Shaw,
Man and Superman, 1903

Popularität

Lieber Attentate als Ovationen.

Ludwig II. von Bayern

Popularität ist eine Strafe, die wie eine Belohnung aussieht.

Ingmar Bergman

Das wahre Große in der Welt
ist immer nur das, was nicht gleich gefällt.
Und wen der Pöbel zum Gotte weiht,
der steht auf dem Altar nur kurze Zeit.

August Mahlmann,
Gedichte

Wer in die Öffentlichkeit tritt, hat keine Nachsicht zu erwarten und keine zu fordern.

Marie von Ebner-Eschenbach,
Aphorismen

Popularität ist in Kupfer umgemünzter Ruhm. (Don Sallust)

Victor Hugo,
Ruy-Blas III, 5

Auf große Popularität kann nur derjenige rechnen, der seinen Zeitgenossen Gemeinplätze in voll tönenden Worten zum Besten gibt.

Josef von Eötvös,
Gedanken

Das Publikum hat eine eigene Art, gegen öffentliche Menschen von anerkanntem Verdienst zu verfahren. Es fängt nach und nach an, gleichgültig gegen sie zu werden, und begünstigt viel geringere, aber neu erscheinende Talente; es macht an jene übertriebene Forderungen und lässt sich von diesen alles gefallen.

Goethe,
Wilhelm Meisters Lehrjahre V, 16

Wer allen allzu sehr bekannt ist, stirbt unbekannt sich selbst.
Notus nimis omnibus, ignotus moritur sibil.

Seneca

Popularität setzt immer Mittelmäßigkeit voraus.

Oscar Wilde

Die Teilhabe an Öffentlichkeit scheint süß zu sein, selbst für den, der vorgeführt wird.

Günter Gaus

Prominenz ist eine Erscheinung, die nicht durch Auslese, sondern durch Beifall zustande kommt.

Friedrich Sieburg

Erfolg

Die Politik ist ein Kampfplatz, auf dem das Ergebnis, das man erzielt, immer weit unter dem liegt, was man erreichen möchte.

Alexis Graf von Tocqueville,
an Stoffels, 3.4.1844

In der Politik ist das Nichterwischtwerden bereits der halbe Erfolg.

Hans-Peter Heinzl

Drei Dinge sind bei Hofe unentbehrlich: gesunde Beine, ein geschmeidiger Rücken und eine glatte Zunge.

August von Kotzebue,
Der Verleumder II, 1

Erfolgserlebnisse sind Stufen, denen man nicht ansieht, ob sie zu einer Leiter oder zu einer Tretmühle gehören.

Helmar Nahr

Der Erfolg gebiert den Erfolg wie das Geld das Geld.

Chamfort,
Maximen VII

Das Wissen um den richtigen Zeitpunkt ist der halbe Erfolg.

Couve de Murville

Es gibt zwei Wege für den politischen Aufstieg: Entweder man passt sich an, oder man legt sich quer.

Konrad Adenauer

Er stieg von Amt zu Amt mit
stetem Glück,
verkehrte höflich selbst mit
Erzhalunken,
wich freundlich hier und freundlich
dort zurück,
und so ist er gemach empor-
gesunken.

Otto Ernst,
Karriere

Sei nett zu den Leuten auf deinem Weg nach oben, denn du triffst sie auf dem Weg nach unten wieder.

Wilson Mizner

Der Erfolg zählt. Die Misserfolge werden gezählt.

Nikolaus Cybinski,
Aphorismen

Wenn man erfolgreich ist, dann überschlagen sich die Freunde, aber erst wenn man einen Misserfolg hat, dann freuen sie sich wirklich.

Harry S. Trumann

Misserfolge stellen sich am leichtesten ein, wenn man seinem Erfolg treu bleiben will anstatt sich selbst.

Sigmund Graff,
Vom Baum der Erkenntnis,
Aphorismen, 1973

Die Kunst ist, einmal mehr aufzustehen, als man umgeworfen wird.

Winston Churchill

Unterwürfigkeit

Sklaverei ist kein Rechts-, sondern ein Geisteszustand.

Gabriel Laub

Marionetten lassen sich sehr leicht in Gehängte verwandeln. Die Stricke sind schon da.

Stanislaw Jerzy Lec

Der Grund der Unterwerfung ist Selbstsorge.

Johann Heinrich Pestalozzi,
Meine Nachforschungen über den Gang der Natur in der Entwicklung des Menschengeschlechts

Personen, die sich sehr untertänig gebärden, ist nie ganz zu trauen. Sie sind auch anderer Stimmungen fähig. Es lebt in ihrem Innern ein verborgener Hass oder Neid gegen die, welche sie zu verehren scheinen, ja selbst wirklich verehren.

Carl Hilty

Faulheit und Feigheit sind die Ursachen, warum ein so großer Teil der Menschen, nachdem sie die Natur längst von fremder Leitung freigesprochen, dennoch gern zeitlebens unmündig bleibt und warum es anderen so leicht wird, sich zu deren Vormündern aufzuwerfen. Es ist so bequem, unmündig zu sein.

Immanuel Kant

Opportunismus

Erfahrene Opportunisten schwimmen so mit dem Strom, dass sie später behaupten können, sie wären abgetrieben worden.

Oliver Hassencamp

Opportunismus ist die Kunst, mit dem Wind zu segeln, den andere machen.

Carlo Manzoni

Opportunisten erkennt man am ausgestreckten Zeigefinger, mit dem sie die politische Windrichtung prüfen.

Henri Tisot

An Grundsätzen hält man nur fest, solange sie nicht auf die Probe gestellt werden!

Otto Graf von Bismarck

Gehorsam

Die Autorität zwingt, aber die Vernunft überzeugt zum Gehorsam.

Armand-Jean du Plessis Richelieu,
Politisches Testament

Unbedingter Gehorsam setzt bei den Gehorchenden Unwissenheit voraus.

Charles-Louis de Montesquieu,
Vom Geist der Gesetze 4, 3

Nur wer Gewissen hat, kennt Verantwortung; nur wer Verantwortung hat, kennt die Sorge. Deshalb lebt es sich am sorglosesten auf Befehl.

Thomas Niederreuther,
Aphorismen

Wo Verstand befiehlt, ist der Gehorsam leicht.

Theodor Fontane,
Quitt 14

Es ist immer verkehrt zu befehlen, wenn man des Gehorsams nicht gewiss ist.

Mirabeau

Stille Unterordnung unter Willkür schwächt, stille Unterordnung unter Notwendigkeit stärkt.

Jean Paul,
Levana VI, 2

Wer erst gelernt hat, vor der Macht der Geschichte den Rücken zu krümmen und den Kopf zu beugen, der nickt zuletzt chinesenhaft-mechanisch sein »Ja« zu jeder Macht und bewegt seine Glieder in dem Takt, in dem irgendeine Macht am Faden zieht.

Friedrich Nietzsche

Der Deutsche gleicht dem Sklaven, der seinem Herrn gehorcht ohne Fessel, ohne Peitsche, durch das bloße Wort, ja durch einen Blick. Die Knechtschaft ist in ihm selbst, in seiner Seele; schlimmer als die materielle Sklaverei ist die spiritualisierte. Man muss die Deutschen von innen befreien, von außen hilft nichts.

Heinrich Heine

Bürgerlicher Ungehorsam ist das angeborene Recht jeden Bürgers. Gibt er es auf, hört er auf, ein Mensch zu sein.

Mahatma Gandhi

Lüge

Wenn ich nicht lügen kann, kann ich kein Staatsmann sein.

Otto Graf von Bismarck

Der Politik ist eine bestimmte Form der Lüge zwangsläufig zugeordnet: das Ausgeben des für eine Partei Nützlichen als das Gerechte.

Carl Friedrich von Weizsäcker

Nie wird so viel gelogen wie nach einer Jagd, im Krieg und vor Wahlen.

Otto Graf von Bismarck

Es gibt fünf Arten der Lüge: die gewöhnliche Lüge, den Wetterbericht, die Statistik, die diplomatische Note und das amtliche Comuniqué.

George Bernard Shaw

Betrug

Man kann alle Leute einige Zeit und einige Leute alle Zeit, aber nicht alle Leute alle Zeit zum Narren halten.

Abraham Lincoln

Betrug ist die Triebkraft des Geschäfts, die Seele der Religion, der Köder der Liebeswerbung und die Grundlage politischer Macht.

Ambrose Gwinnet Bierce

Kleine Schurkereien nennt man kriminell – große historische Taten.

Herbert Reinecker

Korruption

Korruption ist der Expresslift zu den höheren Instanzen.

Helmar Nahr

Korruption ist die Autobahn neben dem Dienstweg.

Helmar Nahr

Korruption ist nur ein Schimpfwort für die Herbstzeiten eines Volkes.

Friedrich Nietzsche,
Die Fröhlichen Wissenschaften

Nichts ist gefährlicher als der Einfluss privater Interessen auf die öffentlichen Angelegenheiten, und der Missbrauch der Gesetze durch die Regierung ist ein geringeres Übel als die Korruption des Gesetzgebers, die sich aus der Hinwendung an Sonderinteressen unweigerlich ergibt.

Jean-Jacques Rousseau,
Vom Gesellschaftsvertrag oder Grundlagen des politischen Rechts

Alle Großspenden korrumpieren.

Oskar Lafontaine,
Süddeutsche Zeitung, Magazin

V. Kapitel

Kultur

Politik kann nie Kultur, Kultur aber Politik bestimmen.

Theodor Heuss

Die Wirtschaft macht das, was ankommt, die Kultur, worauf es ankommt.

August Everding

Die Kultur ist es, die den Menschen befähigt, auch in dem anderen den Menschen in seiner Würde zu erkennen.

Hans-Dietrich Genscher,
Rede bei der Festveranstaltung der FDP aus Anlass des zehnten Jahrestags der Deutschen Einheit am 1.10.2000 auf dem Hambacher Schloss Pfalz

Kultur ist weder natürlich noch künstlich, weder genetisch übermittelt noch mit dem Verstand geplant. Sie ist eine Tradition erlernter Regeln des Verhaltens, die niemals erfunden worden sind und deren Zweck das handelnde Individuum gewöhnlich nicht versteht.

Friedrich August von Hayek,
Die Anmaßung von Wissen, Neue Freiburger Studien, Tübingen 1996

Kultur ist friedenstiftend, wenn sie umfassend verstanden wird und wenn nicht der Begriff »unsere Kultur« als Kampfbegriff gegen andere Kulturen eingesetzt wird.

Hans-Dietrich Genscher,
Rede anlässlich des Tags der Deutschen Einheit am 3.10.1999 in Dresden

Zum inneren Frieden einer Gesellschaft gehört die Akzeptanz einer Leitkultur, die Orientierung für ein demokratisches Gemeinwesen bietet, dessen Angehörige unabhängig von ihrer Herkunft und Religion säkulare Normen und Werte als Voraussetzung für den inneren Frieden teilen. Gesellschaften, die Menschen aus unterschiedlichen Kulturen beherbergen, benötigen mehr als andere eine Leitkultur.

Bassam Tibi,
Europa ohne Identität? 1998

Kultur ist Einheit des künstlerischen Stils in allen Lebensäußerungen eines Volks.

Friedrich Nietzsche

Mit dem Fällen der Bäume begann die Kultur – Mit dem Fallen der letzten endet sie auch.

Greenpeace

Die Fähigkeit, in der Existenz anderer Kulturen eine Bereicherung für sich selbst zu empfinden, schafft die geistige Grundlage für den notwendigen Dialog der Kulturen.

Hans-Dietrich Genscher,
Rede anlässlich des Tags der Deutschen Einheit am 3.10.1999 in Dresden

Kultur ist die Gesamtheit aller Formen der Kunst, der Liebe und des Denkens, die, im Verlaufe von Jahrtausenden, dem Menschen erlaubt haben, weniger Sklave zu sein.

André Malraux

Politik und Kultur sind artverwandte Milieus mit gleichen Mechanismen, voller Intrigen, Eifersüchteleien, Machtpoker. Nur sind Künstler weniger langweilig.

Marcel Reich-Ranicki

Muße und Wohlleben sind unerlässliche Voraussetzungen aller Kultur.

Max Frisch

Jede Kultur schafft Werte, deren notwendige Erhaltung und Weitergabe Traditionen hervorbringt. Insoweit ist Kulturpolitik stets auch Traditionspflege.

Hildegard Hamm-Brücher,
Aufbruch ins Jahr 2000, 1967

Wenn die Sonne der Kultur niedrig steht, werfen selbst Zwerge einen Schatten.

Karl Kraus

Tradition

Tradition ist bewahrter Fortschritt, Fortschritt ist weitergeführte Tradition.

Carl Friedrich von Weizsäcker

Eine Tradition fortsetzen kann nur derjenige, der ihr etwas hinzufügt.

Franz Marc

Tradition, konservativ also vor allem verstanden als gelebte Wertvorstellung, ist mehr als Folklore.

Alois Glück,
Verantwortung übernehmen

Zivilisation

Die Grenze zwischen Zivilisation und Barbarei ist nur sehr schwer zu ziehen. Stecken Sie sich einen Ring in die Nase, und Sie sind eine Wilde, stecken Sie sich zwei Ringe in die Ohren, und Sie sind zivilisiert.

Pearl Sydensticker Buck

Der zum ersten Mal anstelle eines Speeres ein Schimpfwort benutzte, war der Begründer der Zivilisation.

Sigmund Freud

Den Grad der Zivilisiertheit einer Gesellschaft kann man beurteilen, wenn man ihre Gefängnisse betritt.

Fjodor Dostojewski

Was die Menschen Zivilisation nennen, ist der Zustand gegenwärtiger Sitten; was sie Barbarei nennen, das sind die Sitten der Vergangenheit.

Anatole France

Wie Verrückte lauft ihr weißen Menschen dem Geld nach, bis ihr so viel habt, dass ihr gar nicht lang genug leben könnt, um es auszugeben. Ihr plündert die Wälder, den Boden, ihr verschwendet die natürlichen Brennstoffe, als käme nach euch keine Generation mehr, die all dies ebenfalls braucht. Die ganze Zeit redet ihr von einer besseren Welt, während ihr immer größere Bomben baut, um jene Welt, die ihr jetzt habt, zu zerstören.

Tatanga Mani,
1871–1967, Volk der Stoney in Kanada, Häuptling eines Stammes

Zivilisation ist Bewegung, nicht Zustand, Reise, nicht Hafen.

Arnold Toynbee

Die Zivilisation eines Landes erkennt man an den Männern, die Kultur erkennt man an den Frauen.

Giosuè Carducci

Zivilisation ist die unablässige Vermehrung unnötiger Notwendigkeiten.

Mark Twain

Die zivilisiertesten Völker sind der Barbarei so nahe wie das geschliffenste Eisen dem Rost. Völker wie Metalle glänzen nur an der Oberfläche.

Antoine Rivarol

Bildung

Bildung ist ein unentreißbarer Besitz.

Menander,
Sentenzen in Monostichen 2

Eine Investition in Wissen bringt immer noch die besten Zinsen.

Benjamin Franklin

Wissen ist der Rohstoff für Innovationen.

Heinrich von Pierer,
Vom Wettbewerb der Standorte, in Konsens oder Konflikt?

Ob ein Land reich wird oder reich bleibt, hängt von den Fähigkeiten seiner Menschen ab, von ihrem Wissensstand, ihrem Ausbildungsgrad, ihren Fertigkeiten. Entscheidend sind die Qualität und die Entwicklung des Humankapitals.

Lee Kuan Yew,
Und nun: das Jahrhundert Asiens? in Mutmaßungen über das 21. Jahrhundert

Die Aufgabe von Politik ist heute, eine Chancengerechtigkeit zu definieren, die auf die Entwicklung des Humankapitals setzt statt auf die nachträgliche Umverteilung

Gerhard Schröder

Die Erziehung ist ebenso wie die Wohltätigkeit bei den meisten Völkern unserer Zeit zu einer nationalen Angelegenheit geworden. Der Staat empfängt, und häufig nimmt er auch das Kind aus den Armen der Mutter, um es seinen Beamten anzuvertrauen.

Alexis Graf von Tocqueville,
Auswahl aus Werken und Briefen

Der Sinn vieler öffentlicher Einrichtungen ist offenbar der, den Menschen in jener Mittelmäßigkeit zu erhalten, die ihn geneigt macht, sich regieren zu lassen.

Chamfort,
Maximen VIII

Entgegen linker und liberaler Schwärmereien und Utopien ist für die Konservativen der Mensch unvollkommen und nicht unbegrenzt bildbar.

Alois Glück,
Verantwortung übernehmen

Uns Menschen ist es zwar gelungen, das Raubtier in uns auszuschalten – nicht jedoch den Esel.

Winston Churchill

Sie sagen, dass Wissen Macht ist. Ich pflegte auch so zu denken, aber ich weiß jetzt, dass Sie Geld meinten. Jede Guinee ist eines Weisen Stein. Bargeld ist Tugend.

Lord George Byron,
Brief an Douglas Kinnaird, 6.2.1822

Erziehst du einen Mann, tust du etwas für den Einzelnen. Erziehst du eine Frau, tust du etwas für die Gesellschaft.

Aus Afrika

Das Versagen der Familie, die Schwächen der Schule und die – umstrittenen Auswirkungen der Massenmedien machen Bildungs-, ja sogar Erziehungsarbeit im Betrieb unbedingt erforderlich.

Wolf von Amerungen

Die großen Geister werden seltener, aber die Aufklärung wird allgemeiner. Das Geschaffene ist weniger vollendet, aber reicher an Früchten.

Alexis Graf von Tocqueville,
Auswahl aus Werken und Briefen

Ohne die Bibel und Marx zu kennen, kann man das 20. Jahrhundert nicht verstehen.

Lothar Bisky,
Süddeutsche Zeitung, Magazin,
Vor dem Rücktritt?

Da die Völker nur Lehrer für sechshundert Mark sich leisten können, bleiben sie so dumm, dass sie sich Kriege für sechzig Milliarden leisten müssen.

Christian Morgenstern,
Stufen

In der Bildungspolitik ist der Jammerton zum Kammerton geworden.

Hans Zehetmair

Wissenschaft

Die Geschichte der Wissenschaften ist eine große Fuge, in der die Stimmen der Völker nach und nach zum Vorschein kommen.

Goethe,
Wilhelm Meisters Wanderjahre II,
Betrachtungen im Sinne der Wanderer

Im Mittelalter war die ganze Wissenschaft ein Privileg des Orients.

Peter Scholl-Latour,
Süddeutsche Zeitung, Magazin,
18.1.2002

Hohe Ämter scheinen einmal nicht für Philosophen gemacht, und auf Thronen waren Genies meist ein Unglück.

Karl Julius Weber,
Demokritos, Der Ehrgeiz, Fortsetzung

Die Philosophen haben die Welt nur verschieden erklärt; es kommt aber darauf an, sie zu verändern.

Karl Marx

Gelehrten, welche Politiker werden, wird gewöhnlich die komische Rolle zugeteilt, das gute Gewissen einer Politik sein zu müssen.

Friedrich Nietzsche

Es ist in der Politik niemals möglich, mathematische Beweise zu geben.

Otto Graf von Bismarck

Die letzte Stimme, die zu hören ist, bevor wir den Planeten in die Luft jagen, wird einem Wissenschaftler gehören, der behauptet, das sei technisch gar nicht möglich.

Peter Ustinov

Die Politik ist keine Wissenschaft, die man lernen kann. Sie ist eine Kunst, und wer sie nicht kann, der bleibt besser davon!

Otto Graf von Bismarck

Die Politik ist eine eminent praktische Wissenschaft, bei der man sich an die Form, an den Namen, an die Theorie, in die sie gerade hineinpassen soll, nicht so sehr kehren darf.

Otto Graf von Bismarck

Überall dort, wo die Wissenschaft neue Erkenntnisse gewinnt, schafft sie grundsätzlich auch neue Macht.

Carl Friedrich von Weizsäcker

Ein Wissenschaftler ist jemand, dessen Einsichten größer sind als seine Wirkungsmöglichkeiten. Gegenteil: Politiker.

Helmar Nahr

Wissenschaft steht im Dienste eines Ideals oder im Dienste einer herrschenden Gruppe.

Ludwig Marcuse

Die große Bekämpferin der Unduldsamkeit ist nicht die Humanität, sondern die Wissenschaft.

Henry Thomas Buckle,
Geschichte der Zivilisation 4, 20

Wirtschaftswissenschaft besteht darin nachzuweisen, warum das, was man prophezeit hat, nicht hat eintreten können.

Johann Heinrich Pestalozzi

»Wenn sich meine Relativitätstheorie durchsetzt«, sagte Einstein, »werden die Deutschen sagen, ich sei ein Deutscher, und die Franzosen, ich gehöre der ganzen Welt. Wenn sie sich aber nicht durchsetzt, werden die Franzosen sagen, ich sei ein Deutscher, und die Deutschen, ich sei Jude.«

Aus Witze, Fabeln, Anekdoten von
Eberhard Puntsch

Solange die Nationalökonomen leben, nimmt niemand von ihnen Notiz, und wenn sie tot sind, richten sie großen Schaden an.

John Maynard Keynes

Intellektuelle

Intellektuelle haben als die Hofnarren der modernen Gesellschaft geradezu die Pflicht, alles Unbezweifelte anzuzweifeln, über alles Selbstverständliche zu erstaunen, alle Autorität kritisch zu relativieren, alle jene Fragen zu stellen, die sonst niemand zu stellen wagt.

Ralf Dahrendorf

Der Machtverwalter hält sich heute einen Intellektuellen wie der alttestamentliche Pharao den Sterndeuter.

Gertrud Höhler,
Die Anspruchsgesellschaft

Gelehrte und Intellektuelle sind für mich wie kokette Damen. Man sollte sie besuchen, mit ihnen parlieren, aber sie weder heiraten noch zu Ministern machen.

Napoleon I. Bonaparte

Intellektuelle sind mit ihrem moralisierenden Getue die Totengräber des Politikberufs.

Antje Vollmer

Das humanitäre Pathos, das unsere Politiker in Sachfragen schwächt, ist zu einem guten Teil in der ideologischen Küche der Intellektuellen zubereitet, die keine Handlungsverantwortung zur Überprüfung ihrer Rezepte zwingt.

Gertrud Höhler,
Die Anspruchsgesellschaft

Kunst

Werden Nationen alt, sterben die Künste aus, und der Kommerz setzt sich auf jeden Baum.

William Blake

Es gibt keine patriotische Kunst und keine patriotische Wissenschaft. Beide gehören wie alles hohe Gute der ganzen Welt an und können nur durch allgemeine freie Wechselwirkung aller zugleich Lebenden in steter Rücksicht auf das, was uns vom Vergangenen übrig und bekannt ist, gefördert werden.

Goethe,
Wilhelm Meisters Wanderjahre III,
Aus Makariens Archiv

Es ist die tiefste und herrlichste Wirkung der musischen Künste und vor allem der Poesie, dass sie die Schranken der bürgerlichen Gemeinden aufheben und aus den Stämmen ein Volk, aus den Völkern eine Welt erschaffen.

Theodor Mommsen,
Römische Geschichte 1

Die Kunst pflegt die Passion der Distanz, ersetzt keine Moral und hilft nicht der Politik auf die Sprünge.

Thomas Assheuer,
Der Höllensturz der Kunst,
in Mutmaßungen über das
21. Jahrhundert

Die große Kunst ist politisch dank ihrer lebensbestimmenden Kraft; sie gibt ein Beispiel, wodurch sie urteils-, gefühls- und geschichtsbildend wirkt.

Martin Kessel,
Gegengabe VII

Unerschöpflich ist das Angebot an ästhetischer Kompensation; der Kunstmarkt giert nach dem Neuen des Neuen und handelt es wie Notierungen an der Schicksalsbörse des Weltgeistes.

Thomas Assheuer,
Der Höllensturz der Kunst,
in Mutmaßungen über das
21. Jahrhundert

Die Nachfrage nach Kunst wächst im Maße ihrer gesellschaftlichen Wirkungslosigkeit.

Thomas Assheuer,
Der Höllensturz der Kunst,
in Mutmaßungen über das
21. Jahrhundert

Die Kunst hat kein Vaterland.

Carl Maria von Weber

Die Kunst ist das Gewissen der Menschheit.

Christian Friedrich Hebbel,
Tagebücher, 1842

Wenn die Welt klar wäre, gäbe es keine Kunst.

Albert Camus,
Der Mythos von Sisyphos

Kunst wird nur noch durch ihren Marktwert definiert.

Arthur Miller,
Süddeutsche Zeitung,
Magazin, 3.8.2001

Wenn in dem langen Lauf der Geschichte irgendetwas klar ist, so ist es dies, dass, wo nur eine Regierung die Beschützung der geistigen Arbeiten übernimmt, sie diese fast immer am unrechten Ort beschützen und die unrechten Leute belohnen wird.

Henry Thomas Buckle,
Geschichte der Zivilisation 11

Die Aufgabe, Schirmherr der Künstler zu sein, ist heute, nachdem es kaum noch Kaiser, Könige oder Kunst fördernde Fürsten gibt, dem wirtschaftlich mächtigen Bürgertum zugefallen. Die Kreditwirtschaft wie auch die Industrie oder private Mäzene haben das verständliche Bedürfnis, jenseits der Welt ihrer beruflichen Belange einmal Uneigennützigkeit zu üben, auf der anderen Seite aber auch den Wunsch, jenen Glanz, der von den schönsten Künsten ausstrahlt, auf sich selbst zu lenken. So ist verständlich, dass Banken und Industrie eher die Malerei und die Musik fördern als Wissenschaft und Literatur.

Hermann Josef Abs

Ich glaube, Politik, die sich der Kunst verweigert, verfehlt letztlich die Freiheit.

August Everding,
Festrede zur Eröffnung des Berliner
Abgeordnetenhauses, 28.4.1993

Wer ein Theater füllen will, bedient sich der Dramaturgie. Um es zu leeren, genügt Ideologie.

Oliver Hassencamp

Jeder Dirigent ist ein verkappter Diktator, der sich glücklicherweise mit der Musik begnügt.

Sergiu Celibidache

Die Wissenschaft ist der Verstand der Welt, die Kunst ihre Seele.

Maxim Gorki

Literatur

Der Dichter eilt der politischen Entwicklung voraus. Was Dichtung ist, ist etwas später Politik.

Robert Musil,
Allerhand Fragliches, Aphorismen

Wer auf der Augenhöhe der Zeit schreiben will, muss das Arkadien der Kunst verlassen.

Thomas Assheuer,
Der Höllensturz der Kunst, in Mutmaßungen über das 21. Jahrhundert

Die Memoiren sind die Zeitbomben der Pensionisten.

Henry Kissinger

Die inspirierende Quelle der Literatur – wie überhaupt der Kultur – ist nicht die Welt, sondern die Region, der überschaubare Ort, die erfahrbare Nähe.

Siegfried Lenz,
Literatur – Ende des Gutenberg-Zeitalters?

Immer wenn sie einen Krieg verlieren, drucken sie meinen »Untertan«.

Heinrich Mann

Dort wo man Bücher verbrennt, verbrennt man am Ende auch Menschen.

Heinrich Heine

Wer mit der Literatur die Welt verändern möchte, der muss wenigstens teilweise auf seine künstlerischen Ambitionen verzichten und eine möglichst populäre Literatur anstreben und billige Effekte nicht meiden.

Marcel Reich-Ranicki,
Süddeutsche Zeitung, 22.5.2000

Sport

Fußball ist für mich ein gesellschaftliches Grundnahrungsmittel.

Edmund Stoiber,
zum Streit um Fernsehübertragungsrechte an wichtigen Fußballspielen

Sport ist Krieg.

Elfriede Jelinek

Angeln ist die einzige Philosophie, die satt macht.

Ernest Hemingway

Das beste Mittel, das bisher gegen die Bevölkerungsexplosion gefunden worden ist, sind Sportsendungen im Fernsehen – rund um die Uhr.

Robert Finch

Brot, Bier und Bundesliga müssen für alle bezahlbar sein.

Friedrich Merz

Wir haben acht Millionen Anhänger. Damit hat der FC Bayern München mehr Fans als die CSU Wähler.

Uli Hoeneß

Gesundheitswesen

So wie die heutigen Krankenhäuser verwaltet werden, ist es durchaus nicht klar, ob sie für die Patienten oder für die Ärzte existieren. Es scheint die Auffassung zu herrschen, dass der Patient, besonders wenn er sich ins Krankenhaus begibt, Eigentum seines Arztes wird.

Henry Ford,
Erfolg im Leben

Da wir aus Ärzten Kaufleute machen, zwingen wir sie, die Handelskniffe zu erlernen.

George Bernard Shaw

Taokuang, »Glanz des Verstandes«, von 1820 bis 1850 Kaiser von China, allen Genüssen zugetan, politischem Handeln gänzlich abgeneigt, erfreute sich bester Gesundheit. In seinen Diensten standen vier Leibärzte. Er bezahlte sie hoch, solange er sich wohl fühlte. Sobald er krank wurde, stellte er bis zum Tage seiner Genesung die Entlohnung ein.

Aus Witze, Fabeln, Anekdoten von
Eberhard Puntsch

Ehrenamt

Demokratie lebt vom Ehrenamt.

Theodor Heuss

Die Welt lebt von den Menschen, die mehr tun als ihre Pflicht.

Ewald Balser

Ehrenämter sollte man dann übernehmen, wenn es nicht nur um die Ehre geht, sondern man etwas bewegen will und kann.

Albrecht Schmidt

Ludwig XVIII. gab Talleyrand seine Vorstellungen von der geplanten neuen Verfassung bekannt. Als der König anregte, die Arbeit der Abgeordneten in der Deputiertenkammer als ehrenamtlich zu deklarieren, zeigte der Minister Bedenken: »Das, Majestät, kommt uns zu teuer.«

Aus Witze, Fabeln, Anekdoten von
Eberhard Puntsch

Die Ehrenamtlichen werden oft als die Sauerstoffzufuhr für unser Gemeinwesen bezeichnet. Ihr Tun ist Ausdruck von Selbstständigkeit und auch ein Beleg für den Grad an Freiheit und Lebendigkeit in einer Gesellschaft und in einem Staat.

Alois Glück,
Verantwortung übernehmen

VI. Kapitel

Fernsehen

Heutzutage laden wir die Mächtigen in unsere Wohnungen ein, wo sie zu uns Aug in Aug, Herz zu Herz sprechen, als wären wir die einzigen, mit denen sie sprechen, in diesem besonderen Jargon von Pseudoaufrichtigkeit und Pseudoobjektivität.

George Tabori

Im Zeitalter des Fernsehens kann ein guter Coiffeur einen Wahlkampf entscheiden.

James Stewart

Dass die Glaubwürdigkeit der Politiker noch nie so gering war wie heute, liegt an einer Gesellschaft, die in die Glotze guckt.

Helmut Schmidt

In zehn Jahren wird Deutschland von dem regiert, der die höchste Einschaltquote bringt.

Erich Böhme

Presse

Ein guter Nachrichtendienst ist der Scheibenwischer der Regierung.

George F. Kennan

Wenn ich zu wählen hätte zwischen einem Land mit Regierung, aber ohne Zeitungen, und einem Lande mit Zeitungen, aber ohne Regierung, dann würde ich das Land ohne Regierung wählen.

Thomas Jefferson

In früheren Zeiten bediente man sich der Folter. Heutzutage bedient man sich der Presse.

Oscar Wilde

Es ist nicht Aufgabe einer Zeitung, Ordnung in eine komplizierte Welt zu bringen, sondern Unordnung in die Welt der Komplizen.

Michael Skasa

Manches kritische Journal hat den Fehler, welcher Mozarts Musik so häufig vorgeworfen wird: einen zuweilen unmäßigen Gebrauch der Blasinstrumente.

Friedrich Schlegel,
Kritische Fragmente

Wie sie knallen, die Peitschen!
Hilf, Himmel! Journale! Kalender!
Wagen an Wagen! Wie viel Staub
und wie wenig Gepäck!

Goethe und Schiller,
Xenien, Currus virum miratur inanes

Die Zeitungen sind der Sekundenzeiger der Geschichte. Derselbe aber ist meistens nicht nur von unedlerem Metalle als die beiden anderen, sondern geht auch selten richtig.

Arthur Schopenhauer

Macht dir eine Zeitung Kummer, morgen kommt die nächste Nummer.

Konrad Adenauer

Ich habe mir die Zeitungen vom vorigen Jahr binden lassen. Es ist unbeschreiblich, was für eine Lektüre dieses ist: fünfzig Teile falsche Hoffnung, siebenundvierzig Teile falsche Prophezeiung und drei Teile Wahrheit. Diese Lektüre hat bei mir die Zeitungen von diesem Jahre sehr herabgesetzt; denn ich denke: Was diese sind, das waren jene auch.

Georg Christoph Lichtenberg

Die Presse muss die Freiheit haben, alles zu sagen, damit gewissen Leuten die Freiheit genommen wird, alles zu tun.

Alain Peyrefitte

Wollte Gott, Gedrucktes und Geschriebenes hätte so viel Einfluss auf die Menschen, als die Regenten und ihre Zensoren fürchten! Bei den unzähligen guten Schriften, die wir haben, müsste dann die Welt schon lange besser geworden sein.

Franz Grillparzer,
Zur Lehre vom Staate, 1821

Rede- und Pressefreiheit bedeuten in erster Linie Recht und Kritik. Niemand hat jemals das Lob der Regierung verboten.

Wladimir Bukowski,
Schlusswort von dem Moskauer Stadtgericht, 1967

Mit Schlagzeilen erobert man Leser. Mit Informationen behält man sie.

Lord Northcliffe

Dem Publizisten flicht die Nachwelt noch weniger Kränze als dem Mimen, von dem immerhin Rollenbilder zu den Bürgern späterer Jahrhunderte sprechen.

Carl von Ossietzky,
Der Zeit den Spiegel vorhalten

Nichts ist verlogener als die Jakobinerfeldzüge unserer gut verdienenden Spitzencrew des deutschen Journalismus gegen Politikerprivilegien.

Antje Vollmer

John F. Kennedy am 27. April 1961 vor dem Verband Amerikanischer Zeitungsherausgeber: »Sie erinnern sich vielleicht, dass 1851 die ›New York Herald Tribune‹ als Londoner Korrespondenten einen obskuren Journalisten namens Karl Marx beschäftigte.
Dieser Mann lebte von der Hand in den Mund. Seine Familie war krank und unterernährt, und so lag er ständig Greeley und dem Chefredakteur Charles Dana wegen einer Aufbesserung seines Honorars in den Ohren. Er wollte pro Lieferung fünf Dollar mehr. Er und Engels nannten die Entlohnung den ›schändlichsten Hungerlohn bourgeoiser Betrüger.‹
Als alle Bitten auf taube Ohren stießen, sah sich Marx nach einer anderen, einträglicheren und ruhmreicheren Tätigkeit um. Er brach seine Beziehungen zur Tribune ab und widmete seine Talente der Sache, die der Welt den Leninismus, Stalinismus und den Kalten Krieg bescherte.
Ich hoffe, alle Zeitungsherausgeber vergessen diese Lektion nicht, wenn sie das nächste Mal von einem darbenden, unbekannten Journalisten um eine kleine Erhöhung seines Honorars gebeten werden.«

Aus Witze, Fabeln, Anekdoten von *Eberhard Puntsch*

Journalismus ist Literatur in Eile.

Matthew Arnold

Es gibt Zeitungen, an denen die Balkenüberschriften das Beste sind, weil sie durch ihren Platzverbrauch Schlimmeres verhüten.

Horst Stern

Kannst du die Presse nicht schlagen, dann schlag dich auf ihre Seite!

Aus den USA

Journalisten müssen die Wachhunde des Bürgers, nicht die Schoßhunde der Mächtigen sein.

Lili Gruber

Der Journalist als Kritiker der Zeit schreibt sich nicht ins Buch der Geschichte ein, sondern ins Fell der Gegner. Ihre Narben sind sein Ruhm.

Carl von Ossietzky,
Der Zeit den Spiegel vorhalten

Der geschickte Journalist hat eine Waffe: das Totschweigen – und von dieser Waffe macht er oft genug Gebrauch.

Kurt Tucholsky

Wenn man Lafontaine zum Hüter des Presserechts macht, kann man auch Herodes zum Präsidenten des Kinderschutzbunds wählen.

Otto Graf Lambsdorff

Wenn es mafiaähnliche Strukturen in Bayern gibt, dann in der Süddeutschen Zeitung.

Peter Gauweiler,
in Spuren der Macht
von Herlinde Koelbel

Reptilienpresse.

Otto Graf von Bismarck

Schweinejournalismus.

Oskar Lafontaine

Hinrichtungsjournalismus.

Otto Graf Lambsdorff

Kloakenjournalismus.

Helmut Kohl

Kampagnenjournalismus.

Wolfgang Clement

Pressefreiheit

Eine freie Presse kann gut oder schlecht sein, aber eine Presse ohne Freiheit kann nur schlecht sein.

Albert Camus

Pressefreiheit bedeutet Verantwortung.

Tony Blair

Gazetten müssen, wenn sie interessant sein sollen, nicht geniert werden.

Friedrich II. von Preußen

Ich will keine Zensur, weil ich nicht für Dummheiten, die man drucken darf, verantwortlich sein will.

Napoleon I.,
zu Fouché

Die Pressefreiheit sollte durch das strengste Verbot aller und jeder Anonymität bedingt sein.

Arthur Schopenhauer,
Parerga und Paralipomena

Pressefreiheit ist die Freiheit von zweihundert reichen Leuten, ihre Meinung zu verbreiten.

Paul Sethe

Große Männer haben die Pressefreiheit nie gefürchtet; denn wo kein Pulver liegt, kann man die Leute rauchen lassen.

Karl Julius Weber,
Demokritos VII, 11

Die Zensur ist die jüngere von zwei schändlichen Schwestern. Die ältere heißt Inquisition.

Johann Nestroy,
Freiheit in Krähwinkel I, 14

Öffentliche Meinung

Wer die öffentliche Meinung verliert, ist kein König mehr.

Aristoteles

Es ist schwer, die Volksmeinung zu erkennen.

Otto Graf von Bismarck

Die öffentliche Meinung ist die »soziale Haut«, die Gesellschaften zusammenhält.

Elisabeth Noelle-Neumann,
Öffentliche Meinung

Die öffentliche Meinung ist die unsichtbare Rüstung des Volks.

Ludwig Börne

Was Richterstuhl und Polizei für den Bürger sind, muss die öffentliche Meinung für Regenten und ihre Minister werden.

Karl Julius Weber

Die öffentliche Meinung ist ein Vexierspiegel, welcher die Dinge bald zu groß, bald zu klein zeigt.

Johann Jakob Mohr,
Gedanken über Leben und Kunst

Die Popularität einer Sache macht mich viel eher zweifelhaft und nötigt mich, mein Gewissen noch einmal zu fragen: Ist sie auch wirklich vernünftig?

Otto Graf von Bismarck,
im Reichstag, 12.6.1882

Selten entscheidet die öffentliche Meinung unmoralisch und unweise, und wer sich von ihr entfernt, sollte sich misstrauen.

Thomas Jefferson,
an William Findlay, März 1801

Schutz gegen die Tyrannei der Behörde ist nicht genug; es braucht auch Schutz gegen die Tyrannei der vorherrschenden Meinungen und Gefühle. Es gibt eine Grenze, welche die Einmischung der Gesamtmeinung in die persönliche Unabhängigkeit berechtigterweise nicht überschreiten darf, und diese Grenzen zu finden, sie gegen Angriffe zu schützen, ist für den gesunden Zustand der menschlichen Angelegenheiten ebenso unerlässlich wie der Schutz gegen politischen Despotismus.

John Stuart Mill,
Über die Freiheit 1, Einleitung

Die öffentliche Meinung ist eine Buhlerin, man sucht ihr zu gefallen, ohne sie zu achten.

Jules Petit-Senn
Geistesfunken und Gedankensplitter

Öffentliche Meinung übt übergreifende, umfassende soziale Kontrolle auf alle Lebensbereiche aus. Sie ergänzt dabei andere gesellschaftliche Institutionen wie das Recht, Religion etc., widerspricht ihnen oder stützt sie.

Elisabeth Noelle-Neumann,
Öffentliche Meinung

Die Öffentlichkeit hat eine unersättliche Neugier, alles zu wissen, nur nicht das Wissenswerte.

Oscar Wilde

Es ist gleich schwach und gefährlich, die öffentliche Stimme zu viel und zu wenig zu achten.

Johann Gottfried Seume,
Apokryphen

Öffentliche Meinung ist eine gewaltige soziale wie politische Macht. Von öffentlicher Meinung geht wirksamer Druck aus, der nach zwei Seiten gerichtet ist – sowohl auf jedes einzelne Individuum in einer Gesellschaft wie auch auf die Regierung.

Elisabeth Noelle-Neumann,
Die öffentliche Meinung

Öffentliche Meinung ist nicht mehr als das, was Leute glauben, dass andere Leute glauben.

Alfred Austin

Die öffentliche Meinung ist jene politische Macht, die in der Demokratie sicherlich das Schlimmste verhindert. Mit derselben Sicherheit verhindert sie das Beste.

Helmar Nahr

Die öffentliche Meinung ist eine Gerichtsbarkeit, die ein vernünftiger Mensch nie anerkennen, aber auch nie ganz ablehnen soll.

Chamfort,
Maximen II

Ich möchte gerne wissen, wie weit Moses gegangen wäre, hätte er in Ägypten eine Meinungsumfrage abgehalten. Was würde Jesus Christus gepredigt haben, hätte er in Israel eine Meinungsumfrage vorgenommen? Was wäre wohl mit der Reformation geschehen, wenn sich Martin Luther auf Meinungsforscher verlassen hätte? Es sind nicht die Umfragen, und es ist nicht die öffentliche Meinung des Augenblicks, die zählen. Es ist das Richtige und das Falsche und die Führungskunst, die zählen. Männer mit Mut, Ehre und dem festen Glauben an die Richtigkeit ihres Handelns sind epochemachend in der Geschichte der Welt.

Harry S. Truman

Die schweigende Mehrheit redet den Politikern nicht ins Gewissen.

Thomas Christian Dahme

Die öffentliche Meinung gleicht einem Schlossgespenst: Niemand hat es gesehen, aber alle lassen sich von ihm tyrannisieren.

Sigmund Graff

Demoskopische Institute sind Supermärkte in Meinungsartikeln.

Vance Packard

Statistik

Bikinis sind wie Statistiken: Sie zeigen Verlockendes, aber verbergen das Wesentliche.

Aaron Levenstein

Ich glaube nur an Statistiken, die ich selbst gefälscht habe.

Sir Winston Churchill

Die Statistik ist eine große Lüge, die aus lauter kleinen Wahrheiten besteht.

Lionel Strachey

Es gibt drei Arten von Lügen: Lügen, infame Lügen und Statistiken.

Benjamin Disraeli Earl of Beaconsfield

Rede

Erst mit der politischen Form der Demokratie beginnt die ganz exzessive Schätzung der Rede. Sie ist das größte Machtmittel inter pares geworden.

Friedrich Nietzsche,
Geschichte der griechischen Beredsamkeit

Je klangvoller Rang und Namen von Rednern sind, desto sicherer kann man sein, dass ihre Reden von Männern ohne Rang und Namen gemacht werden.

Arno Sölter

Die Rede ist die Kunst, Glauben zu erwecken.

Aristoteles

Eine Rede kann die Erde spalten.

Aus Neuguinea

Wer zu vielen sprechen will, muss sich zu mäßigen wissen.

Goethe,
an Cotta, 17.10.1798

Jede Rede erscheint eitel und nichtig, wenn die Tat ihr nicht Nachdruck gibt.

Demosthenes

Lautsprecher verstärken die Stimme, nicht die Argumente.

Hans Kasper

Demagogie ist die fragwürdige Fähigkeit, die kleinsten Ideen in die größten Worte zu fassen.

Abraham Lincoln

Eine gute Rede soll das Thema erschöpfen, nicht die Zuhörer.

Winston Churchill

Die großen Redner, die die Versammlung durch Worte mit sich fortreißen, sind nur selten gute Politiker.

Napoleon I. Bonaparte

Einer der verhängnisvollsten Irrtümer ist es, geschickte Redner für ebenso geschickte Politiker zu halten.

Sigmund Graff

Wenn es Politikern die Sprache verschlägt, halten sie eine Rede.

Friedrich Nowottny

Ein guter Redner muss etwas vom Dichter haben, darf es also mit der Wahrheit nicht ganz mathematisch genau nehmen.

Otto Graf von Bismarck

Ich habe oft mein Reden, aber nie mein Schweigen bereut.

Publius Syrius

Er wird ein großer König werden; er sagt kein Wort von dem, was er denkt.

Mazarin,
über Ludwig XIV.

Wo es den Rednern an Tiefe fehlt, da gehen sie in die Breite.

Charles-Louis de Montesquieu,
Gedanken, Varia

Eines guten Redners Amt oder Zeichen ist, dass er aufhöre, wenn man ihn am liebsten höret.

Martin Luther

Disraeli auf die Frage eines neuen Unterhausmitglieds, ob er sich an der Debatte beteiligen solle: »Im Zweifelsfalle, junger Freund, ist es besser, das Hohe Haus wundert sich, dass Sie nicht gesprochen haben, als dass es sich fragt, warum Sie gesprochen haben.«

Aus Witze, Fabeln, Anekdoten von
Eberhard Puntsch

Wer vor anderen lange allein spricht, ohne den Zuhörern zu schmeicheln, erregt Widerwillen.

Goethe,
Die Wahlverwandtschaften II, 4

Es ist ein großes Unglück, wenn man weder genug Geist hat, um zu reden, noch genug Urteilskraft, um zu schweigen.

Jean de La Bruyère

Sprache

Sprachen sind die Stammbäume der Nationen.

Samuel Johnson

Die Verschiedenheit der Sprachen ist nicht eine Verschiedenheit an Schällen und Zeichen, sondern eine Verschiedenheit der Weltansichten.

Wilhelm von Humboldt

Die Sprache bringt doch eine Art von Atmosphäre des Landes mit.

Goethe,
zu Eckermann, 10.4.1829

Eine fremde Sprache ist hauptsächlich dann zu beneiden, wenn sie mit einem Wort ausdrücken kann, was die andere umschreiben muss, und hierin steht jede Sprache im Vorteil und Nachteil gegen die andere.

Goethe,
an Riemer, 30.6.1813

Die Gewalt einer Sprache ist nicht, dass sie das Fremde abweist, sondern dass sie es verschlingt.

Goethe

Ein geistigeres und innigeres Element als die Sprache hat ein Volk nicht. Will also ein Volk nicht verlieren, wodurch es Volk ist, will es seine Art mit allen Eigentümlichkeiten bewahren, so hat es auf nichts so sehr zu wachen, als dass ihm seine Sprache nicht verdorben und zerstört werde.

Ernst Moritz Arndt

Ein Volk geht nicht zugrunde durch verlorene Kriege, sondern dadurch, dass es, von innen entkräftet, seine Sprache, die Hochsprache seiner Dichter und Denker, aufgibt, also Hochverrat an sich selbst begeht.

Josef Weinheber

Alle Sprachen, solange sie gesund sind, haben einen Naturtrieb, das Fremde von sich abzuhalten und, wo sein Eindrang erfolgte, es wieder auszustoßen oder wenigstens mit den heimischen Elementen auszugleichen.

Jakob Grimm

Die Muttersprache zugleich reinigen und bereichern ist das Geschäft der besten Köpfe.

Goethe

Wenn die Begriffe sich verwirren, ist die Welt in Unordnung.

Konfuzius

Uns Heutigen, die wir uns einer erdrückenden Flut dringendster praktischer Aufgaben im öffentlichen Leben gegenübersehen, mag es auf den ersten Blick vielleicht etwas abwegig erscheinen, als erste und wichtigste Aufgabe ausgerechnet die Richtigstellung der Begriffe anzusehen. Man überlege aber immerhin einmal, um wie viel die heutige verworrene Weltlage einfacher und durchsichtiger erscheinen und um wie viel es Millionen Menschen ihre Entscheidungen erleichtern würde, wenn der mit Propaganda und Schlagworten auf allen Gebieten getriebene Missbrauch eingedämmt würde und Begriffe wie Freiheit, Demokratie, Aggression, Sklaverei nur in ihrer klaren ursprünglichen Bedeutung gebraucht würden.

Konfuzius,
auf die Frage, welche Maßnahmen im Staate er zuerst ergreifen würde, wenn er Macht hätte zu bestimmen

Wer seine Sprache nicht achtet und liebt, kann auch sein Volk nicht achten und lieben.

Ernst Moritz Arndt,
Entwurf einer Teutschen Gesellschaft

Ist die deutsche Sprache vogelfrei, als eine Kleinigkeit, die nicht des Schutzes der Gesetze wert ist, den doch jeder Misthaufen genießt?

Arthur Schopenhauer

Die Sprache ist wie das Blut – sie verleiht dem Menschen Identität.

Isabel Allende,
Süddeutsche Zeitung, Magazin

Die deutsche Sprache ist die Orgel unter den Sprachen.

Jean Paul

Den Unterschied zwischen den beiden Sprachen empfinde ich derart, als ob ich mich in der französischen auf den wohl gepflegten Wegen eines schönen Parks erginge, in der deutschen aber mich in einem herrlichen Walde herumtriebe.

Albert Schweitzer,
Aus meinem Leben und Denken 7

Verständliche Sprache bei einem Politiker zeugt von gutem Gewissen.

André Malraux

Ohne Mundarten wird der Sprachleib ein Sprachleichnam.

Friedrich Ludwig Jahn

Interessanterweise hat die deutsche Sprache kein entsprechendes Wort für das englische »fairness«. Das macht misstrauisch bei einer Sprache der Dichter und Philosophen.

Prodosh Aich

Friedrich Wilhelm IV. hatte sich als Kronprinz lange geweigert, die französische Sprache zu lernen. Als er endlich einlenkte und gefragt wurde, auf welcher Erwägung sein Sinneswandel beruhe, sagte er: »Der Vater hat die Franzosen nicht schlagen können. Ergo muss der Sohn Französisch lernen, damit er mit ihnen verhandeln kann.«

Aus Witze, Fabeln, Anekdoten von *Eberhard Puntsch*

Die deutsche Sprache sollte sanft und ehrfurchtsvoll zu den toten Sprachen abgelegt werden, denn nur die Toten haben die Zeit, diese Sprache zu erlernen.

Mark Twain

Propaganda

Die Aufnahmefähigkeit der großen Masse ist nur sehr beschränkt, das Verständnis klein, dafür jedoch die Vergesslichkeit groß. Aus diesen Tatsachen heraus hat sich jede wirkungsvolle Propaganda auf nur sehr wenige Punkte zu beschränken und diese schlagwortartig so lange zu verwerten, bis auch bestimmt der Letzte unter einem solchen Wort das gewollte sich vorzustellen vermag.

Adolf Hitler,
Mein Kampf

Propaganda ist der hartnäckige Versuch, andere Menschen glauben zu machen, was man selbst nicht glaubt.

Thaddäus Troll

Propaganda ist die Kunst, den Teufel mit zwei gesunden Füßen zu fotografieren.

Hans Kasper

Das Geheimnis des Agitators ist, sich so dumm zu machen, wie seine Zuhörer sind, damit sie glauben, sie seien so gescheit wie er.

Karl Kraus,
Sprüche und Widersprüche

Die Arbeit der philosophischen, theologischen, politisch-pathologischen Volksführer ist fast durchaus, Rauch zu machen und darin Gespenster und Schreckgestalten zu zeigen, damit man sich an ihre Heilande halten soll.

Johann Gottfried Seume,
Apokryphen

Wer Feindbilder aufbaut, betreibt die Militarisierung der Gesellschaft und der Völker.

Hans-Dietrich Genscher,
Rede anlässlich des Tags der Deutschen Einheit am 3.10.1999 in Dresden

Diplomatie

Beratschlagen Große, so sprechen sie in Gleichnissen.

Aus Tansania

Wenn man sagt, dass man einer Sache grundsätzlich zustimmt, so bedeutet dies, dass man nicht die geringste Absicht hat, sie in der Praxis durchzuführen.

Otto Graf von Bismarck

Diplomatie ist ein Boxkampf in Glacéhandschuhen, bei dem der Gong durch das Klingen der Sektgläser ersetzt wird.

Georges Pompidou

Ein Diplomat ist ein Mann, der die Paukenschläge der Staatsmänner in Harfenklänge verwandeln soll.

Eugene O'Neill

Diplomatie ist die Kunst, einen Hund so lange zu streicheln, bis Maulkorb und Leine fertig sind.

Fletscher Knebel

Die Pflicht des Diplomaten besteht in wechselseitigen und unaufhörlichen Konzessionen.

Otto Graf von Bismarck

Ultimatum in der Diplomatie: eine letzte Forderung, bevor man seine Zuflucht zu Konzessionen nimmt.

Ambrose Bierce

Ein wahrer Diplomat ist ein Mann, der zweimal nachdenkt, bevor er nichts sagt.

Winston Churchill

Ein Dementi ist die verneinende Bestätigung einer Nachricht, die bisher ein Gerücht war.

Roger Peyrefitte

Diplomaten ärgern sich nie. Sie machen sich Notizen.

Charles Maurice de Talleyrand-Périgord

Konferenz

Konferenzen sind die Bremsspuren der Geschichte.

Henri Troyat

Eine Konferenz ist eine Versammlung wichtiger Leute, die einzeln nichts tun können; aber zusammen können sie beschließen, dass nichts getan werden kann.

Fred Allen,
Brief an W. M. Martin, Präsident der New Yorker Börse, 25.1.1940

Kompromiss

Politik ist der stets neu zu schaffende Kompromiss von Macht und Vernunft.

Carl Friedrich von Weizsäcker

Ein Kompromiss, das ist die Kunst, einen Kuchen so zu teilen, dass jeder meint, er hätte das größte Stück bekommen.

Ludwig Erhard

Allzu viele Kompromisse lähmen die Botschaft.

Johannes Dyba

Ein Kompromiss ist dann vollkommen, wenn beide bekommen, was sie nicht haben wollen.

Edgar Faure

Ein guter Kompromiss ist ein politisches Kunstwerk, das im besten Fall alle Beteiligten, obgleich sie sich nicht voll durchsetzen können, stärkt.

Michael Vesper,
Konsens mit wem?
in Konsens oder Konflikt?

Der gerade Weg ist in der Politik meist unpassierbar.

Harold Macmillan

Politik ist nicht die Kunst des Kompromisses, sondern die Kunst der Synthese. Kompromiss bedeutet Einigung, die Halbierung beider Positionen. Synthese heißt Einigung nach dem Prinzip der Vermehrung: Sie komponiert aus zwei Positionen eine dritte.

Hans Kasper

Entscheidung

Wer zu spät kommt, den bestraft das Leben.

Michail Gorbatschow,
zum 40. Geburtstag der DDR

Was nicht auf einer einzigen Manuskriptseite zusammengefasst werden kann, ist weder durchdacht noch entscheidungsreif.

Dwight David Eisenhower

Es ist besser, unvollkommene Entscheidungen zu treffen, als ständig nach vollkommenen Entscheidungen zu suchen, die es nicht gibt!

Charles de Gaulle

In der Politik wird die Hälfte mit dem Hirn entschieden und die andere mit dem Hintern.

Heide Simonis

Das Leben verändert sich nicht zum Besseren, solange man nicht begreift, dass es nicht die Intelligenten sind, die uns fehlen, sondern die Mutigen.

Françoise Giroud

In wichtigen Fragen hat man meist zwischen Pest und Cholera zu wählen.

Dean Achseon

Qui tacet, consentire videtur.
Wer schweigt, scheint zuzustimmen.

Bonifaz VIII.

Bestandsaufnahme ist ein schönes Wort dafür, dass man nicht mehr weiterweiß.

Lore Lorentz

Konflikt

Eine Gesellschaft, die auf Ausgleich bedacht ist, muss auf die Dauer mit zweit- und drittbesten Lösungen vorlieb nehmen, die die Probleme nicht wirklich lösen, sondern sie auf einen späteren Zeitpunkt verschieben.

Wendelin Wiedeking,
Ohne Entscheidungsfreude keine Zukunft, in Konsens oder Konflikt?

Konflikt ist ein Wesensbestandteil von Politik, ja, die Politik lebt nur durch den Konflikt und die Entscheidung.

Thomas Middelhoff,
Die Gesellschaft bewegen,
in Konsens oder Konflikt?

Wie freiheitlich eine Gesellschaft ist, erweist sich nicht zuletzt daran, welchen Raum und welche Legitimität sie der offenen Konfliktaustragung gibt.

Dieter Hensche,
Feudalisierung der Politik?
in Konsens oder Konflikt?

Offene Konflikte sind notwendige Begleiterscheinung einer demokratisch verfassten Gesellschaft. Sie sind Treibsatz für Neuerungen, wenn die Gesellschaft mit ihnen klug umgeht.

Otto Graf Lambsdorff,
Politikmanagement oder Mauschelei?
in Konsens oder Konflikt?

Kampf/Streit

Die Essenz des Politischen liegt im Kampf um die bessere Lösung, und die wird meistens im Dissens gefunden, nicht im Konsens.

Konrad Adam,
Kartelle sind verboten,
in Konsens oder Konflikt?

Breiter gesellschaftlicher Konsens über die Grundwerte, die prinzipiellen Rahmenbedingungen des Zusammenlebens, ist die Voraussetzung für eine zielführende Streitkultur.

Heinz Dürr,
Weder Sieger noch Verlierer, in Konsens und Konflikt?

Demokratie und Streit gehören zusammen. Eine Demokratie, in der nicht gestritten wird, ist keine.

Helmut Schmidt,
Süddeutsche Zeitung, Magazin

Die schlimmsten Streitigkeiten entstehen erst dann, wenn beide Seiten gleichermaßen im Recht und im Unrecht sind.

Winston Churchill,
Der Zweite Weltkrieg I

In Deutschland wird um die unwichtigen Dinge gestritten, um den wichtigen Dingen nicht ins Auge sehen zu müssen.

Roman Herzog

VII. Kapitel

Wirtschaft

Es geht schlicht und einfach um die Erkenntnis, dass unternehmerisches Handeln zwangsläufig politisch relevant ist. Sie hat zur Konsequenz, dass wir uns nicht mehr darauf beschränken können, uns mit unseresgleichen in die Nischen der Chefetagen zurückzuziehen, sondern zu den politischen, wirtschaftlichen und sozialen Herausforderungen der kommenden Jahre in offener, notfalls offensiver Kommunikation Stellung beziehen müssen.

Edzard Reuter

Kratze am Politischen, und das Wirtschaftliche kommt zum Vorschein.

Lothar Schmidt

Man versteht die Politik nicht richtig, wenn man von der Wirtschaft gar nichts weiß.

Richard von Weizsäcker

Rezession ist eine Zeit, in der wir auf Dinge verzichten müssen, die unsere Großeltern nicht einmal kannten.

Financial Times

Nicht die Politik ist unser Schicksal, sondern die Wirtschaft.

Walther Rathenau

Man kann in einem großen Land etwas anpflanzen, das wichtiger ist als Baumwolle: Toleranz.

Tennessee Williams

Ökonomisches Denken ist die Überlebensstrategie für das nächste Jahrhundert.

Gerhard Schröder,
Rede vor dem SPD-Parteitag am 4.12.1997 in Hannover

Das gegenwärtige Wirtschaften lebt langsam, aber stetig immer mehr auf Kosten kommender Generationen. Von der Zukunft zu leben ist aber nicht zukunftsfähig.

Werner Müller,
Wirtschaftsbericht 1999

Ich glaube, es ist immer noch besser, die Wirtschaft gesundzubeten, als sie totzureden.

Ludwig Erhard

Was ökonomisch auf die Dauer falsch ist, kann politisch auf die Dauer nicht richtig sein.

Franz Vranitzky

Es ist doch nur noch eine Frage der Zeit, bis deutsche Unternehmer sagen werden, dass die Zehn Gebote für den Wirtschaftsstandort Deutschland verhängnisvoll sind.

Christian Ude,
Studientag zur Situation der Kirchen, Evangelisches Forum München

Die politische, rechtliche, philosophische, religiöse, literarische, künstlerische etc. Entwicklung beruht auf der ökonomischen. Aber sie alle reagieren auch aufeinander und auf die ökonomische Basis. Es ist nicht, dass die ökonomische Lage Ursache, allein aktiv ist und alles andere nur passive Wirkung. Sondern es ist Wechselwirkung auf Grundlage der in letzterer Instanz stets sich durchsetzenden ökonomischen Notwendigkeit.

Friedrich Engels,
Brief an W. Borgius, 25.1.1894

In der Politik sind die Nullen gefährlich, die vorne stehen – in der Wirtschaft die Nullen, die hinten stehen.

Ronald Searle

Die letzte Instanz in der Planwirtschaft ist der Scharfrichter, in der Marktwirtschaft der Gerichtsvollzieher.

Wilhelm Röpke

Volkswirtschaft

Die Volkswirtschaft ist kein Patient, den man pausenlos operieren kann.

Ludwig Erhard

Nicht offene, sondern geschlossene Grenzen sind für die Volkswirtschaft gefährlich.

Hans Tietmeyer

Das ist ja die Katastrophe der Welt, dass man den Volkswirten mit ihren verstaubten Theorien, die sie auf der Universität gelernt haben, die Lenkung der Wirtschaft überlässt.

André Kostolany,
Weisheit eines Spekulanten

Würden die Volkswirtschaftler irgendetwas von Geschäften verstehen, wären sie reiche Männer und nicht die Ratgeber reicher Männer.

Kirk Kerkorian

Die Weltwirtschaft ist eine zu ernste Angelegenheit, um sie den Volkswirten zu überlassen.

André Kostolany,
Weisheit eines Spekulanten

Marktwirtschaft

Dass in die Ordnung einer Marktwirtschaft viel mehr Wissen von Tatsachen eingeht, als irgendein einzelner Mensch oder selbst irgendeine Organisation wissen kann, ist der entscheidende Grund, weshalb die Marktwirtschaft mehr leistet als irgendeine andere Wirtschaftsform.

Friedrich August von Hayek,
Freiburger Studien, Tübingen 1969

Die kapitalistische Marktwirtschaft bleibt das wirksamste Instrument, wirtschaftliches Wachstum zu schaffen und den Lebensstandard der meisten Menschen zu heben.

Henry Kissinger,
Amerika bleibt Führungsmacht, in Mutmaßungen über das 21. Jahrhundert

Die Marktwirtschaft ist ohne Alternative, wenn individuelle und kollektive Kreativität und Leistungsbereitschaft gedeihen sollen.

Gerhard Schröder,
Rede vor dem SPD-Parteitag am 4.12.1997 in Hannover

Das wichtigste Produkt einer jeden Marktwirtschaft ist der Konsument.

Werner Mitsch,
Sprüche, nichts als Sprüche

Konflikt und Konsens gehören zur Marktwirtschaft. Konflikt und Konsens sind – im effizienztheoretischen Sinn – zwei Seiten einer Medaille.

Otto Graf Lambsdorff,
Politikmanagement oder Mauschelei? in Konsens oder Konflikt?

Die Ökonomie des Marktes schafft Reichtum und Ungleichheit. Die Politik des Staates hält sie in Grenzen und sorgt dafür, dass alle etwas von der Produktivität haben.

Warnfried Dettling,
Rettet den rheinischen Kapitalismus, in Mutmaßungen über das 21. Jahrhundert

Zukunft hat nur ein sozial gebändigter Kapitalismus; die Marktwirtschaft wird sozial sein, oder sie wird nicht sein.

Theo Sommer,
Zukunftsvisionen 1899, Zukunftstrends 1999

Wahr ist nur, dass eine soziale Marktwirtschaft keine Marktwirtschaft,
ein sozialer Rechtsstaat kein Rechtsstaat,
ein soziales Gewissen kein Gewissen,
soziale Gerechtigkeit keine Gerechtigkeit – und ich fürchte auch soziale Demokratie keine Demokratie ist.

Friedrich August von Hayek

In der Marktwirtschaft klingelt keiner, wenn's gefährlich wird.

Eberhard Martini

Planwirtschaft

Der Wechsel von einer Plan- zu einer Marktwirtschaft ist wie die Rückverwandlung eines Omeletts in rohe Eier.

Margaret Thatcher

Staatliche Planwirtschaft ist wie ein prachtvoller Baum mit weit ausladender Krone. Aber in seinem Schatten wächst nichts.

Harold Macmillan

Ein kapitalistisches Unternehmen wäre seit langem pleite, wenn es so wirtschaften wollte wie wir.

Nikita Chruschtschow

In einer dirigierten Wirtschaft leben nur die Dirigenten gut.

Zarko Petan

Globalisierung

Der Globalisierung muss man sich stellen, nicht sich ihr unterwerfen.

Gregor Gysi

Die rasant voranschreitende Globalisierung erfordert ein globales Ethos: erfordert konkrete ethische Grundnormen, die jedoch von allen Religionen, Philosophien und Weltanschauungen, von Glaubenden und Nichtglaubenden mitgetragen werden können.

Hans Küng,
Die Weltethik aller Religionen

Die Globalisierung ist ein Faktum. Sie lässt sich weder durch konzertierte Aktionen auf internationaler Ebene noch durch Protektionismus oder Stärkung der Binnenkaufkraft oder andere Rezepte nationaler Wirtschaftspolitik aufhalten.

Heinrich von Pierer,
Globale Herausforderungen erfordern eine erweiterte Perspektive

Es gibt keine wichtigere Aufgabe als jene, die wirtschaftliche Ordnung und die politische Ordnung in Übereinstimmung zu bringen und der Globalisierung ein menschliches Antlitz zu geben.

Henry Kissinger,
Amerika bleibt Führungsmacht

Globalisierung bedeutet schließlich auch einen weltweiten Wettbewerb der Bildungssysteme, der Steuersysteme und der Sozialsysteme.

Hans-Dietrich Genscher,
Vorlesung anlässlich der Übernahme der Europaprofessur an der Europa-Universität Viadrina, 25.5.1999

Globalisierung macht einen Staat nicht kraftlos.

Lionel Jospin

Internationale Politik ist, wie alle Politik, ein Kampf um die Macht. Wo immer die letzten Ziele der internationalen Politik liegen mögen, das unmittelbare Ziel ist stets die Macht.

Hans Joachim Morgenthau,
Politische Macht

Die Kleinstaaten Europas, ich meine alle unsere jetzigen Staaten und »Reiche«, müssen, bei dem unbedingten Drange des großen Verkehrs und Handels nach einer letzten Grenze, nach Weltverkehr und Welthandel, in kurzer Zeit wirtschaftlich unhaltbar werden. Das Geld allein schon zwingt Europa, irgendwann sich zu einer Macht zusammenzuballen.

Friedrich Nietzsche,
Aus dem Nachlass, Bismarck, Weltpolitik

Die Entwicklung der einen Weltwirtschaft, die Entstehung der großen Wirtschaftsregionen, die Globalisierung unserer Märkte, sie alle vermindern die Wirkungsmöglichkeiten nationaler Wirtschaftspolitik.

Hans-Jürgen Krupp,
Die wirtschaftliche Entwicklung unter der Kanzlerschaft von Helmut Kohl

Haben wir erst jene unvermeidlich bevorstehende Wirtschaftsgesamtverwaltung der Erde, dann kann die Menschheit als Maschinerie in deren Diensten ihren besten Sinn finden: als ein ungeheures Räderwerk von immer kleineren, immer feiner »anzupassenden« Rädern; als ein immer wachsendes Überflüssigwerden aller dominierenden und kommandierenden Elemente; als ein Ganzes von ungeheurer Kraft, dessen einzelne Faktoren Minimalkräfte, Minimalwerte darstellen.

Friedrich Nietzsche,
Der Wille zur Macht

Industrie

Wenn wir Industriellen nicht dazu beitragen, das soziale Problem zu lösen, lassen wir unsere vornehmste Aufgabe unerfüllt. Wir werden unserer Dienstpflicht nicht gerecht.

Henry Ford,
Erfolg im Leben

Die moderne Industrie erfordert einen derartigen Grad von Kenntnissen und Geschick, wie sie kein Schulbesuch vermitteln kann. Für Physik und Chemie stellt der industrielle Betrieb ein Laboratorium dar, in dem jede Lehrstunde zu konkreter Erfahrung wird.

Henry Ford,
Erfolg im Leben

Was für das Land gut ist, ist auch gut für General Motors, und was für General Motors gut ist, ist auch für das Land gut.

Charles E. Wilson,
vor einem Untersuchungskomitee des Kongresses, 1952

Die Industrie müsste gefördert werden, aber die blühende Industrie müsste dann ihrerseits den Staat unterstützen.

Voltaire

Unternehmen

Kein Unternehmen steht über der Regierung; und die Regierung muss bevollmächtigt werden, dass sie konsequent mit einem Unternehmen umgehen kann, das versucht, sich über die Regierung hinwegzusetzen.

Franklin Delano Roosevelt

Ob ein Betrieb Bundes-, Staats- oder Gemeindeeigentum ist und so geführt wird, ob er eine AG, ob er eine Kommanditgesellschaft, ob er eine offene Handelsgesellschaft, ob er Privatbesitz ist, das ist dem darin Beschäftigten verhältnismäßig zweitrangig, wenn ein anständiger Ton herrscht und ein anständiger Lohn bezahlt werden kann.

Theodor Heuss

Ein Unternehmen, das sich entwickelt, braucht alle fünfzehn bis zwanzig Jahre so etwas wie eine kleine Kulturrevolution.

Alfred Herrhausen

Manche Leute halten den Unternehmer für einen räudigen Wolf, den man totschlagen müsse. Andere sehen in ihm eine Kuh, die man ununterbrochen melken könne. Nur wenige erkennen in ihm das Pferd, das den Karren zieht.

Winston Churchill

Unternehmen sind mehr oder minder große Organismen, die zu einer einzelnen, durchaus komplexen Persönlichkeit verschmelzen. Die Unternehmung muss einen Grundwertekatalog haben, der sie sicher macht, ethisch zu handeln – gleichgültig, ob es eine europäisch-westlich denkende, eine asiatisch sozialisierte oder ein Unternehmen aus dem moslemischen Raum ist.

Albrecht Schmidt,
Unternehmerisches Handeln in der globalisierten Wirtschaft, Welche Rolle spielen ethische Kriterien?

Wenn der Daumen wird zunichte,
kann die Hand nicht viel verrichten.
Wenn man schwächt den Wirtschaftsstand,
da besteht nicht lang ein Land.

Friedrich Freiherr von Logau,
Der Daumen

Bilanzveröffentlichungen sind Wehrmachtsberichte in Friedenszeiten: Im Ganzen falsch und in Kleinigkeiten exakt.

Michael Schiff

Wenn bei einem Unternehmen die Kasse nicht stimmt, müssen sich entweder die Zahlen ändern oder die Gesichter.

Friedrich Flick

Gewinn ist nicht Zweck des Unternehmens, sondern eine Messgröße dafür, ob ein Unternehmen funktioniert.

Heinz Dürr

Wer zu spät an die Kosten denkt, ruiniert sein Unternehmen. Wer zu früh an die Kosten denkt, tötet die Kreativität.

Philip Rosenthal

Mittelständisch ist ein Unternehmen, wenn beim Konkurs der Staat nicht hilft.

Friedrich Conzen

Die Unternehmer selbst sind die schlechtesten Verfechter ihrer Sache. Sie sind krasse Individualisten, häufig politisch instinktlos, von Natur aus unsolidarisch.

Johann Philipp von Bethmann

Management

Management ist die kreativste aller Künste. Es ist die Kunst, Talente richtig einzusetzen.

Robert Strange McNamara

Management nennt man die Kunst, drei Leute dazu zu bringen, die Arbeit von drei Leuten zu verrichten.

William Faulkner

Wenn Sie ein miserables Management haben wollen, dann schmeißen Sie jeden hinaus, der Ihnen widerspricht, der auf seinem Standpunkt beharrt, der Ihnen Fehler vorhält, der für seine Abteilung kämpft oder Ihnen auf andere Weise unbequem ist! Behalten Sie die Fügsamen!

Carl Duerr

Erstklassige Manager stellen erstklassige Mitarbeiter an. Zweitklassige Manager stellen drittklassige Mitarbeiter an, weil sie Angst haben, von ihnen verdrängt zu werden!

Franz Luwein

Der beste Schutz gegen die Managerkrankheit ist eine gute Sekretärin.

Ferdinand Sauerbruch

Manche Manager handeln in ihren Betrieben nach dem Herodesprinzip: Den am besten geeigneten Nachfolger suchen und hinauswerfen.

Georg Bowles

Die beste Führungskraft ist die, die genug Gespür dafür hat, sich gute Leute für die Aufgaben auszusuchen, die sie erledigt haben möchte, und die genug Selbstbeherrschung hat, sich nicht in die laufenden Aufgaben einzumischen.

Theodore Roosevelt

Managerkrankheit ist eine Epidemie, die durch den Uhrzeiger hervorgerufen und durch den Terminkalender übertragen wird.

John Steinbeck

Arbeitswelt

Die Arbeit ist der Vorgesetzte des Kapitals und verdient mehr Beachtung.

Abraham Lincoln,
Rede zur Amtseinführung im Kongress, 3.12.1861

Die Leute sollen wieder lernen zu arbeiten, anstatt auf öffentliche Rechnung zu leben.

Cicero

Ihr weißen Menschen verlangt von uns, dass wir die Erde pflügen, dass wir Gras schneiden und daraus Heu machen und es verkaufen, damit wir reich werden. Ihr weißen Menschen kennt nur die Arbeit. Ich will nicht, dass meine jungen Männer euch gleich werden. Menschen, die immer nur arbeiten, haben keine Zeit zum Träumen, und nur wer Zeit zum Träumen hat, findet Weisheit.

Smohalla,
geb. etwa 1815, gehörte zu den Nez Perce, einem kleinen Stamm in der Provinz Washington. Prediger der »Dreamer-Religion«, Weisheit der Indianer

Im Staat ist keiner überflüssig.
So schlecht er sein mag von Natur,
gebt ihm die rechte Stelle nur!

Ramler,
Der Esel und der Hase

Jedem Arbeiter die Früchte seiner Arbeit zu sichern oder dies so gut wie möglich zu versuchen ist eine würdige Aufgabe für jede gute Regierung.

Abraham Lincoln,
Rede, 1.12.1847

Das Ideal eines höheren Angestellten ist, so viel zu verwalten und so wenig zu tun zu haben, dass er schon beinahe einem Beamten gleicht.

Kurt Tucholsky

Soziale Sicherheit verlangt zuerst Beschäftigung. Arbeitslosigkeit – auch mit Arbeitslosenunterstützung garniert – ist ihrem Wesen nach inhuman und asozial.

Gregor Gysi,
Debatte zum Staatsvertrag, 21.6.1990

Geben Sie den Arbeitern das Recht auf Arbeit.

Otto Graf von Bismarck

Die Schwarzarbeit ist die Schweiz des kleinen Mannes.

Otto Graf Lambsdorff

Leistungsverweigerer beanspruchen die Leistung, welche sie selbst verweigern.

Helmar Nahr

Wer nicht arbeitet, soll nicht essen, und wer nicht um sein Leben kämpft, soll nicht auf dieser Erde leben. Nur dem Starken, dem Fleißigen und dem Mutigen gebührt ein Sitz hienieden.

Adolf Hitler,
auf einer NSDAP-Versammlung in Weimar, 28.10.1925

Die Würde des Menschen und seine Rechte sind unabhängig von seiner Leistungsfähigkeit.

Alois Glück,
Verantwortung übernehmen

In einem Lande, in dem der einzige Arbeitgeber der Staat ist, bedeutet Opposition langsamen Hungertod. An die Stelle des alten Grundsatzes »Wer nicht arbeitet, soll auch nicht essen« ist ein neuer getreten: »Wer nicht gehorcht, soll nicht essen.«

Leo Trotzki

Die Arbeit statt durch Lohn durch Zwang regulieren heißt, die Gesellschaft in ein Arbeitshaus zu verwandeln und die nationale Arbeit auf die der Hand einzuschränken; denn nur die Hand, nicht der Geist lässt sich zwingen.

Rudolf von Ihering,
Der Zweck im Recht I, 7

Man hat im Hauptberuf einen Posten. Man hat dann noch, als unbezahlten Nebenberuf, mit seinem Leben fertig zu werden. Da Kraft und Zeit mangeln, erledigt man nur, wofür man bezahlt wird. Das andere erledigt der Tod.

Ludwig Marcuse,
Argumente und Rezepte, Ein Wörter-Buch für Zeitgenossen

Keine Kultur ohne Dienstboten. Es versteht sich doch von selbst. Wenn nicht Menschen da wären, welche die niedrigen Arbeiten verrichten, so könnte die höhere Natur nicht gedeihen.

Heinrich von Treitschke,
Politik 1, 1

Ein gescheiter Mann muss so gescheit sein, Leute anzustellen, die viel gescheiter sind als er.

John F. Kennedy

Der Haupterfolg der Arbeit ist die Verhinderung des Müßiggangs der gemeinen Naturen, auch zum Beispiel der Beamten, Kaufleute, Soldaten.

Friedrich Nietzsche,
Aus der Zeit der Morgenröthe, Kultur

Wer sich beklagt, dass er zu viel zu tun hat, beweist, dass er nicht organisieren kann. Napoleon hätte nie abgelehnt, Spanien zu erobern, mit der Begründung, er sei überlastet!

Walther Rathenau

Wenn man von den Leuten Pflichten fordert und ihnen keine Rechte zugestehen will, muss man sie gut bezahlen.

Goethe,
Maximen und Reflexionen,
Aus Kunst und Altertum, 1823

Es gibt zwei Arten von Mitarbeitern, aus denen nie etwas Richtiges wird: diejenigen, die nie tun, was man ihnen sagt, und diejenigen, die nur tun, was man ihnen sagt.

Christopher Morley

Löhne und Gehälter sind also eigentlich weiter nichts als ein bestimmter, im Voraus bezahlter Gewinnanteil.

Henry Ford,
Erfolg im Leben

Mit dem Aberglauben ist es auch so eine Sache. Ich habe noch keinen Menschen getroffen, der sein dreizehntes Monatsgehalt zurückgegeben hat.

Fritz Muliar

Ein Kamel ist ein Pferd, das von einem Ausschuss entworfen wurde.

Aus England

Ein Ausschuss ist eine Gruppe Unvorbereiteter, die von den Unwilligen ernannt werden, damit sie das Unnötige tun.

Frederick L. Allen

Geschäfte

Geschäft ist eine Mischung aus Krieg und Sport.

André Maurois

Der Mensch ist von Geburt an gut, aber die Geschäfte machen ihn schlecht.

Konfuzius

Ein Geschäft wird erst dann ein Geschäft, wenn man dem Finanzamt nachweisen kann, dass es kein Geschäft war.

Markus M. Ronner

Jedes Geschäft muss künstlerisch behandelt werden, wenn es sicher und dauernd und durchaus zweckmäßig gelingen soll.

Novalis,
Nachlass

Geschäfte müssen monarchisch geführt werden! Kollegien arbeiten selten schlecht, aber im besten Fall mittelmäßig.

Walther Rathenau,
1902

Die Juristen verstehen ebenso wie die Bankiers von Geschäften an sich gar nichts. Sie glauben, dass ein Unternehmen dann richtig geführt wird, wenn es sich innerhalb der gesetzlich vorgeschriebenen Grenzen hält.

Henry Ford,
Erfolg im Leben

Gewinn

Nach Meinung der Sozialisten ist es ein Laster, Gewinne zu erzielen. Ich bin dagegen der Ansicht, dass es ein Laster ist, Verluste zu machen.

Winston Churchill

Das schlimmste Verbrechen gegen die arbeitenden Menschen verübt ein Unternehmen, das keine Profite macht.

Samuel Gompers

Jedermann muss wissen:
Die Erträge von heute sind die Investitionen von morgen. Und die Investitionen von morgen sind die Arbeitsplätze und die Masseneinkommen von übermorgen.

Helmut Schmidt,
Neujahrsansprache, 1975

Gewinn ist so notwendig wie die Luft zum Atmen, aber es wäre schlimm, wenn wir nur wirtschaften würden, um Gewinn zu machen, wie es schlimm wäre, wenn wir nur leben würden, um zu atmen.

Hermann Josef Abs,
Lebensfragen der Wirtschaft

Die Verteufelung des Gewinns beginnt mit dem Wort Profit.

Lothar Schmidt

Wenn ein Unternehmen zweieinhalb Milliarden Mark Gewinn macht und fünftausend Leute entlässt, ist das eine perverse Wirtschaftsordnung.

Heiner Geißler,
auf dem Evangelischen Kirchentag in Leipzig

Eine auf dem Profit beruhende Industrie ist bestrebt, Menschen für den Kaugummi und nicht Kaugummi für die Menschen hervorzubringen.

Antoine de Saint-Exupéry

Die heutigen Menschen glauben, dass man die Arbeit so einrichten müsse, dass sie möglichst viel Ertrag abwerfe. Das ist ein falscher Glaube. Man muss die Arbeit so einrichten, dass sie die Menschen beglückt.

Paul Ernst

Die Erwägung des eigenen Gewinnes ist der alleinige Beweggrund, der den Besitzer irgendeines Kapitals zu bestimmen vermag, dasselbe im Landbau, in Fabriken oder in irgendeinem Zweige des Groß- oder Kleinhandels Geld anzulegen.

Adam Smith,
Natur und Ursachen des Volkswohlstandes

Unsere Kaufleute und Fabrikanten klagen sehr über die schlechten Wirkungen hoher Löhne auf die Erhöhung der Warenpreise und über die dadurch bewirkte indirekte Beeinträchtigung des Verkaufs ihrer Waren im In- und Auslande. Sie sagen aber nichts von den schlechten Wirkungen hoher Kapitalgewinne.

Adam Smith,
Natur und Ursachen des Volkswohlstandes

Bei großem Gewinn ist großer Betrug.

Sprichwort

Gewinn geht doch bei den meisten Menschen in der Rangordnung der Ehre vor.

Aristoteles

Gewinn ist Segen, wenn man ihn nicht stiehlt. (Shylock)

Shakespeare,
Der Kaufmann von Venedig I, 3

Markt

Der Markt ist der einzig demokratische Richter, den es überhaupt in der modernen Wirtschaft gibt.

Ludwig Erhard

Märkte sind wie Fallschirme: Sie funktionieren nur, wenn sie sich öffnen.

Helmut Schmidt

Aber der Markt ist nicht Selbstzweck. Der Markt ist ein Instrument. Eines, das wir wollen. Eines, das wir pflegen. Eines, das wir aber nur begrenzt gestalten können. Aber er ist und bleibt ein Instrument.

Gerhard Schröder,
Rede vor dem SPD-Parteitag am 4.12.1997 in Hannover

Dem Markt müssen Ziele gesetzt, ihm muss Moral und Richtung gegeben werden. In ihm müssen Interessen gegeneinander abgewogen werden.

Gerhard Schröder,
Rede vor dem SPD-Parteitag am 4.12.1997 in Hannover

Grundsätzlich gibt es nur zwei Möglichkeiten, die wirtschaftlichen Aktivitäten von Millionen zu kontrollieren. Eine ist die der zentralen Führung unter Zuhilfenahme der Erpressung – die Technik der Armee und des modernen totalitären Staates. Die andere ist die freiwillige Zusammenarbeit von Einzelpersonen - die Technik des Marktes.

Milton Friedman,
Capitalism and Freedom, 1962

Die lobenswerte Eigenschaft des freien Marktes besteht darin, dass er Angebot und Nachfrage bei einem bestimmten Preis ausgleicht.

John Kenneth Galbraith,
The Affluent Society, 1958

Die das Gesetz von Angebot und Nachfrage erfunden haben, haben kein Recht, sich zu beklagen, wenn dieses Gesetz gegen ihre eigenen Interessen arbeitet.

Mohammed Anwar Al-Sadat,
Zur Ölkrise des Westens, 1978

Der Markt ist ein von Menschen betriebenes Naturereignis.

Helmar Nahr

Handel

Die Philosophen und Menschenfreunde können viel Übles über den Handel sagen. Aber der Historiker wird feststellen, dass der Handel das Grundprinzip der Freiheit ist, dass der Handel Amerika gegründet und den Feudalismus zerstört hat, dass er für Frieden sorgt und den Frieden erhält. Der Handel ist eine Pflanze, die dort wächst, wo Frieden herrscht, sobald Frieden herrscht und solange Frieden herrscht.

Ralph Waldo Emerson,
The Young American, 1844

Keine Nation wurde vom Handel ruiniert.

Benjamin Franklin,
Thoughts on Commercial Subjects

Handel ist ein sozialer Vorgang.

John Stuart Mill,
On Liberty, 1859

Der Handel ist die Schule des Betrugs.

Vauvenargues,
Reflexionen

Man kann alles verkaufen, wenn es gerade in Mode ist. Das Problem besteht darin, es in Mode zu bringen.

Ernest Dichter

Macht der Staat erzwungene Preise, mit denen der Käufer oder Verkäufer nicht einverstanden ist, so verbirgt der Geldbesitzer sein Geld oder der Warenbesitzer seine Ware, und der Handel ist vernichtet. So lässt der Handel sich nicht berechnen oder unter Gesetze bringen. Er macht sich selbst Preis und Gesetz.

Johann Gottlieb Fichte,
Der geschlossene Handelsstaat 2, 6

Der Handel ist die wichtigste Beschäftigung auf der Erde. Er ist das Fundament unserer Zivilisation. Religion, Gesellschaft, Erziehung – alle sind in der Wirtschaft verwurzelt und müssten in ihren Grundzügen neu gestaltet werden, sollte die Wirtschaft versagen.

James R. Adams,
More Power to Advertising, 1937

Freier Handel, eine der größten Segnungen, die eine Regierung den Menschen zuteil werden lassen kann, ist fast in jedem Land unbeliebt.

Baron Thomas Babington Macauley,
Essays on Mitford's
History of Greece, 1824

Ein großer Teil unseres Außenhandels beruht auf der Rückständigkeit unserer ausländischen Kunden. Der Egoismus ist ein Motiv, diese Rückständigkeit zu nähren. Die Menschlichkeit ist ein Motiv, rückständigen Nationen zu einer Basis der Selbsterhaltung zu verhelfen.

Henry Ford,
Erfolg im Leben

Der Handel ist der größte Kulturträger. Wir tauschen Ideen aus, wenn wir Güter austauschen.

Robert Green Ingersoll

Die Kaufleute werden den Handel umso besser ausüben, je mehr sie dazu freie Hand erhalten.

Thomas Jefferson,
Brief an Gideon Granger, 1800

Die Menschen trugen ihren Überschuss zu denen, die keinen hatten. Das Land, in dem Korn wuchs, trug seine Schätze in das Land, in dem kein Korn gedieh. Das Holzland brachte sein Holz in die baumlose Ebene, das Weinland seine Früchte in die kalten Länder des Nordens. Wenn erst sämtliche Völker der Erde so weit gediehen sind, dass sie sich selbst erhalten können, wird der Handel auf diese Basis zurückkehren. Das Geschäft wird wieder zur Dienstleistung werden.

Henry Ford,
Erfolg im Leben

Angesichts der Spannungen auf unserem Planeten ist der freie Handel nicht nur das wirtschaftlich erfolgreiche, sondern auch das politisch sinnvolle Prinzip. Wer sich dem freien Handel verschreibt, betrachtet auch jemanden, der heute noch sein politischer Gegner sein mag, als einen potenziellen Partner der Zukunft.

Richard von Weizsäcker

Dienstleistung

Der Staat sollte ein Dienstleistungsbetrieb sein, in dem der Bürger Kunde ist und nicht Gewaltunterworfener.

Gerhard Schröder,
Und weil wir unser Land verbessern,
Brief an Herbert Mai

Auf einem Amt wird man abgefertigt, in einem Laden wird man bedient.

Wilhelm Röpke

Das Publikum beklagt sich lieber unaufhörlich, übel bedient worden zu sein, als dass es sich bemühte, besser bedient zu werden.

Goethe,
Maximen und Reflexionen, Nachlass,
Über Literatur und Leben

Eine auf die Dienstleistung hin organisierte Industrie macht die Philanthropie überflüssig.

Henry Ford,
Erfolg im Leben

Ein Handwerk ist eine Grafschaft.

Aus Holland

Konsum

Wenn man das produziert, was die Mehrzahl der Menschen braucht, und es zu einem billigen Preise verkauft, wird man Geschäfte machen, solange überhaupt Geschäfte zu machen sind. Die Menschen kaufen das, was ihnen hilft, so sicher, wie sie Wasser trinken.

Henry Ford,
Erfolg im Leben

Ein Drittel, vielleicht die Hälfte der Weltarbeit geht auf, um der Menschheit Reizungs- und Betäubungsmittel, Schmuck, Spiel, Tand, Vergnügungen und Zerstreuungen zu schaffen, deren sie zur Erhaltung des leiblichen, zur Beglückung des seelischen Lebens nicht bedarf, die vielmehr dazu dienen, den Menschen dem Menschen und der Natur zu entfremden.

Walther Rathenau

Die Dinge, auf die es im Leben wirklich ankommt, kann man nicht kaufen.

William Faulkner

Die Welt hat genug für jedermanns Bedürfnisse, aber nicht genug für jedermanns Gier.

Mahatma Gandhi

Der Angestellte und der Arbeiter werden heute nicht mehr in der Produktion ausgebeutet. Die Zeit dieses naiven Kapitalismus ist vorbei. Heute werden sie als Konsumenten ausgebeutet. Durch raffiniert entwickelte Bedürfnisweckung werden sie zu Sklaven der oktroyierten Wünsche, die sie für ihre eigenen halten.

Martin Walser

Das Anspruchsdenken hat die Menschen überwuchert – die Anspruchsgesellschaften beherrschen unsere Demokratien.

Gertrud Höhler,
Die Anspruchsgesellschaft

Der Einzelne dient dem industriellen System nicht, indem er spart und es mit dem daraus resultierenden Kapital versorgt; er dient ihm, indem er die Produkte verbraucht.

John Kenneth Galbraith,
The New Industrial State, 1967

Je mehr der Bürger auf den Verbrauch von abgepackten Waren und Dienstleistungen gedrillt wird, umso weniger scheint er imstande zu sein, seine Umwelt zu gestalten. Seine Kraft und sein Geld werden für die Herstellung immer neuer Modelle seiner Standardwaren aufgezehrt, und die Welt wird zum Abfallprodukt seiner Verbrauchergewohnheiten.

Ivan Illich,
Geplante Armut als Frucht technischer Hilfe, 1970

Noch für unsere Großeltern war ein Haus, ein Brunnen, ja ihr eigenes Kleid, ihr Mantel unendlich mehr, unendlich vertraulicher; fast jedes Ding ein Gefäß, in dem sie Menschliches vorfanden. Nun drängen, von Amerika her, leere, gleichgültige Dinge herüber, Scheindinge, Lebensattrappen.

Rainer Maria Rilke,
an Witold Hulewicz, 13.11.1925

Die Leute schätzen nicht das, was sie umsonst bekommen, sondern das, was sie billig bekommen.

Donald Trump

Konsum ist ein Wahlvorgang, bei dem die Menschen zur Urne schreiten, ohne zu wissen, dass sie abstimmen.

Gert Gerken

Des Menschen Glück besteht heute darin, »seinen Spaß zu haben«. Und man hat seinen Spaß, wenn man sich Gebrauchsgüter, Bilder, Essen, Trinken, Zigaretten, Menschen, Zeitschriften, Bücher und Filme »einverleibt«, indem man alles konsumiert, alles verschlingt. Die Welt ist nur noch da zur Befriedigung unseres Appetits, sie ist ein riesiger Apfel, eine riesige Flasche, eine riesige Brust, und wir sind die Säuglinge, die ewig auf etwas warten, ewig auf etwas hoffen und ewig enttäuscht werden.

Erich Fromm,
Die Kunst des Liebens

Werbung

Man kann die Ideale einer Nation durch Betrachtung ihrer Werbung feststellen.

Norman Douglas,
South Sind, 1917

Wer dem Sirenengesang der Werbung widersteht, ist ein mündiger Bürger. Und gefährdet Arbeitsplätze.

Oliver Hassencamp

Die Hälfte der Werbeausgaben ist hinausgeschmissenes Geld – aber wir wissen nicht, welche Hälfte.

Colin P. Davis

Wer einen Werbespot in Auftrag gibt, der muss nicht die Stärken seines Produkts, sondern die Schwächen des Käufers kennen. Deshalb gibt die Wirtschaft heute mehr Geld für Marktforschung als für Produktforschung aus.

Neil Postman,
Wir amüsieren uns zu Tode

Die Philosophie, die hinter dem Großteil der Werbung steht, ist auf dem alten Grundsatz aufgebaut, dass jeder Mensch eigentlich aus zwei Menschen besteht – dem Menschen, der er ist, und dem Menschen, der er sein möchte.

William Feather,
The Business of Life, 1949

Es ist längst eine Binsenweisheit, dass jeder, der sich in Amerika ernsthaft um ein hohes politisches Amt bewirbt, der Dienste eines Imagemanagers bedarf, der plant und gestaltet, welche Bilder sich im öffentlichen Bewusstsein festsetzen sollen.

Neil Postman,
Wir amüsieren uns zu Tode

Ich stehe hier mit meiner ganzen Figur für die Erzeugnisse dieser Branche.

Helmut Kohl,
Rede zur Eröffnung der
Lebensmittelmesse Anuga in Köln

Die Werbung möchte uns einreden, dass man ohne Kopf weiter komme als ohne Krawatte.

Rudolf Rolfs

Wettbewerb

Die Asiaten haben den Weltmarkt mit unlauterem Wettbewerb erobert – sie arbeiten während der Arbeitszeit.

Ephraim Kishon

Die Klage über die Schärfe des Wettbewerbs ist in Wirklichkeit meist nur eine Klage über den Mangel an Einfällen.

Walther Rathenau

Nicht die Großen werden die Kleinen fressen, sondern die Schnellen die Langsamen!

Heinz Peter Halek

Der Motor des Wettbewerbs ist der Egoismus, mithin ist alles Sinnen und Trachten auf wirtschaftlichen Erfolg gerichtet. Geist, Kultur und das Humane werden dabei immer mehr an den Rand gedrängt.

Marion Gräfin Dönhoff,
Macht und Moral

Streik

Zeig mir ein Land, wo es keine Streiks gibt, und ich zeige dir ein Land, wo es keine Freiheit gibt.

Samuel Gompers

In jedem Streik lauert die sozialistische Revolution.

Wladimir Iljitsch Lenin

Die Voraussetzungen für einen erfolgreichen Streik:
1. Niemals Gewalt anwenden.
2. Niemals Streikbrecher belästigen.
3. Niemals Almosen akzeptieren.
4. Stark bleiben, ganz egal, wie lange der Streik dauert,

und während des Streiks Geld auf andere ehrliche Art und Weise verdienen.

Mahatma Gandhi,
The Story of My Experiments With Truth, 1929

Gewerkschaften

Die Gewerkschaften sind nicht nur eine geschichtlich notwendige, sondern eine geschichtlich unvermeidliche Organisation des Industrieproletariats.

Wladimir Iljitsch Lenin,
aus den Schriften 1895–1923

Die Gewerkschaftsfunktionäre arbeiten inzwischen siebzig Stunden, weil es immer schwieriger wird, die Fünfunddreißig- Stunden-Woche zu erklären.

Lothar Späth

Die Gewerkschaften haben viel für ihre Mitglieder getan. Am meisten aber für die Automation.

Oliver Hassencamp,
Klipp & Klar. Gute und böse Gedanken, 1977

Das Ziel der Gewerkschaft ist die Befreiung in der Arbeit und nicht Befreiung von der Arbeit.

Franz Steinkühler,
DER SPIEGEL

Technik

Als Wissenschaftler haben wir die Aufgabe, die technische Entwicklung zu betreiben und dann die Resultate in einfacher und klarer Weise zu erklären. Nachher ist es das Volk oder vielmehr die Regierung, vom Volk gewählt, die die Verantwortung hat, die Entscheidungen zu treffen.

Edward Teller

Das Internet spaltet die Gesellschaft in User und Looser.

Birgit Breul

Hütet euch vor den Technikern! Mit der Nähmaschine fangen sie an, und mit der Atombombe hören sie auf.

Marcel Pagnol

Wenn man aus Sonnenstrahlen Bomben bauen könnte, gäbe es schon längst wirtschaftlich arbeitende Sonnenkraftwerke.

Helmar Nahr

Die Möglichkeiten, die die moderne Technik den Menschen verleiht, erfordern eine neue Ethik.

Hans-Dietrich Genscher

Die Technik ist auf dem Weg, eine solche Perfektion zu erreichen, dass der Mensch bald ohne sich selbst auskommt.

Stanislaw Jerzy Lec

Die Schöpfungen der modernen Wissenschaft sind an sich weder gut noch schlecht, die Art und Weise aber, wie sie verwendet werden, bestimmen ihren Wert.

Marshall McLuhan

Die Rechenautomaten haben etwas von den Zauberern im Märchen. Sie geben einem wohl, was man sich wünscht, doch sagen sie einem nicht, was man sich wünschen soll.

Norbert Wiener

Die Männer der Technokratie sind die neue und allumfassende Priesterschaft. Ihre Religion ist der Geschäftserfolg; ihre Prüfung der Reinheit besteht aus Wachstum und Profit. Ihre Bibel ist der Computerausdruck; ihre Altarbank ist der Versammlungsraum. Die Verkäufer tragen ihre Botschaft in die Welt hinaus, und als Botschaft wird es oft auch bezeichnet.

John Kenneth Galbraith,
The Age of Uncertainity, 1977

Je größer die technische Meisterschaft der Menschen, desto geringer seine Sicherheit.

Thornton Wilder

Der Computer ist die logische Weiterentwicklung des Menschen: Intelligenz ohne Moral.

John Osborne

Ich gehöre zu der Generation, die noch zwischen Verstand und Vernunft unterscheidet. Von diesem Standpunkt ist die Raumfahrt ein Triumph des Verstandes, aber ein tragisches Versagen der Vernunft!

Max Born

Ein Computer arbeitet deshalb so schnell, weil er nicht denkt.

Gabriel Laub

Die größte Aufgabe der Zivilisation zum gegenwärtigen Zeitpunkt ist, die Maschinen zu dem zu machen, was sie eigentlich sein sollten: die Sklaven der Menschen statt deren Herren.

Henry Havelock Ellis,
Little Essays of Love and Virtue, 1922

Eine Maschine kann die Arbeit von fünfzig gewöhnlichen Menschen leisten, aber sie kann nicht einen einzigen außergewöhnlichen ersetzen.

Elbert Hubbard

Wir werden im Denken und im Handeln die Diener der Maschine, die wir entwickelt haben, um uns zu dienen.

John Kenneth Galbraith

Kratz die Rakete – und die Romantik kommt zum Vorschein!

Hans Kasper,
Expedition nach innen,
Gibt es denn Blumen auf dem Mond?

VIII. Kapitel

Währung

Wer die Kapitalisten vernichten will, muss ihre Währung zerstören.

Wladimir Iljitsch Lenin

Gebt mir die Kontrolle über die Währung eines Landes, und es ist mir gleichgültig, wer die Gesetze macht.

Mayer Amschel Rothschild

Die ärgsten, wenn auch oft arglosesten Feinde der Währung sitzen auf den Bänken des Parlaments.

Karl Maria Hettlage

Eine harte Währung kann nicht mit weichen Maßnahmen gehalten oder verteidigt werden.

Wilhelm Vocke,
1962

Der Euro darf nicht als Mittel zur Bewältigung unserer Vergangenheit verstanden werden – er ist eine Option auf unsere Zukunft.

Gerhard Schröder,
Und weil wir unser Land verbessern,
Brief an Herrn Frederick Forsyth

Bank

Max M. Warburg 1916 zu seinem Syndikus Carl Melchior: »Sollte Deutschland den Krieg verlieren und die Reichsbank nicht in der Lage sein, ihre Garantien uns gegenüber einzulösen, werden wir eine Annonce in die Zeitung setzen: »Auf dem Felde der Ehre stellten ihre Zahlungen ein M. M. Warburg & Co.«

Überlegungen, die Erste Bank der Vereinigten Staaten zu gründen, 1791.
Vorteile:
1. Kapital würde zur Investition bereitgestellt.
2. Die Bank würde den Händlern bei der sofortigen Bezahlung der Zölle und anderer Steuern durch die Bereitstellung kurzfristiger Kredite für diese Zwecke helfen.
3. Die Bank könnte der Regierung Geld zur Verfügung stellen.
4. Der Wucher würde bekämpft.
5. Das Hamstern wertvoller Metalle würde durch deren Lagerung in den Tresoren der Bank verhindert und Papiergeld würde an deren Stelle ausgegeben werden.
6. Persönliche Geldsendungen aus entlegenen Orten, an denen Papiergeld in Umlauf ist, würden erleichtert.

Nachteile:

1. Wertvolle Metalle würden dem Kreislauf entzogen.
2. Die Öffentlichkeit wäre der Gnade möglicher Bankanstürme ausgesetzt.
3. Die Bank würde den Reichtum auf einen Platz zentralisieren.
4. Das Vorhaben würde eine kleine Gruppe von Investoren bevorzugen, denen es möglich wäre, Aktien zu erwerben, bevor die Leute an weit entfernteren Orten dazu in der Lage wären.

James Madison,
In Morgan: The Origins and Establishment of the First Bank of the United States, The Business History Review, Dezember 1956

Banken sind gefährlicher als stehende Armeen.

Thomas Jefferson

Die Finanzminister und die Bankiers haben eins gemeinsam: Sie leben von anderer Leute Geld. Die Bankiers haben nur die unangenehme Aufgabe, es wieder zurückzuzahlen.

Hermann Josef Abs

Es ist bedauerlich, dass unsere Banken die schöne Praxis der alten Kelten nicht übernommen haben, bei denen man auf Erden Kredite aufnehmen und im Jenseits zurückzahlen konnte.

Manfred Rommel

Es ist das Unglück der Tätigen, dass ihre Tätigkeit fast immer ein wenig unvernünftig ist. Man darf zum Beispiel bei dem Geld sammelnden Bankier nach dem Zweck seiner rastlosen Tätigkeit nicht fragen: Sie ist unvernünftig.

Friedrich Nietzsche,
Menschliches, Allzumenschliches, Anzeichen höherer und niederer Kultur

Börse

Geben Sie mir eine gute Regierung, und wir haben eine gesunde Börse!

Hermann Josef Abs

Ich lese keine Zeitungen. Was wirklich wichtig ist, erfahre ich an der Börse.

Amschel Meyer Rothschild

Um an der Börse Erfolg zu haben, muss man nicht rechnen, sondern denken.

André Kostolany,
Weisheit eines Spekulanten

Aus der Spekulation anstatt aus der Arbeit Gewinn schlagen bedeutet die direkte Verneinung des industriellen Gedankens.

Henry Ford,
Erfolg im Leben

Mein Wort ist meine Verpflichtung.
Dictum meum pactum.

Motto der Londoner Börse, 1773

In der Wall Street gibt es nur zwei Gefühlsregungen: Angst und Habsucht.

William M. Lefevre junior

Es gibt an der Börse nur zwei Gruppen, die Haussiers und die Baissiers. Die einen sind die Optimisten, und die anderen sind die Pessimisten. Der Haussier ist der Bohemien, während der Baissier darauf wartet, am Schmerz des anderen zu verdienen.
Frauen rate ich, sie sollten sich einen Haussier angeln, aber immer einen Baissier in der Hinterhand haben, falls die Börse längere Zeit schwach ist.

André Kostolany

Ich kann die Bahn der Himmelskörper auf Zentimeter und Sekunden genau berechnen, aber nicht, wohin die verrückte Menge einen Börsenkurs treibt.

Sir Isaak Newton

Das Geheimnis des erfolgreichen Börsengeschäfts liegt darin, zu erkennen, was der Durchschnittsbürger glaubt, dass der Durchschnittsbürger tut.

John Maynard Keynes

Die Börse ist ein hysterisches, geldverliebtes Frauenzimmer.

Sigismund von Radecki,
Als ob das immer so weiterginge

Ich bin sicher, dass der Börsenkrach von 1929 noch einmal passieren wird. Nur weiß man nicht wann. Alles, was man für einen neuen Zusammenbruch braucht, ist, dass die Erinnerung an diesen letzten Wahnsinn schwächer wird.

John Kenneth Galbraith

Aktien

Zum ersten Mal in unserer Geschichte gibt es in Deutschland mehr Aktienbesitzer als Gewerkschaftsmitglieder.

Guido Westerwelle,
Dreikönigstreffen 2001

Wer viel Geld hat, der kann spekulieren, wer wenig Geld hat, darf nicht spekulieren, und wer gar kein Geld hat, der muss spekulieren.

André Kostolany

Wer gut schlafen will, kauft Anleihen, wer gut essen will, bevorzugt Aktien.

André Kostolany

Der Kleinaktionär ist das Kanonenfutter des Wertpapierhandels.

Helmar Nahr

In Deutschland denken die meisten beim Wort Aktien immer noch an Spekulation. Den Dreiklang Produktivität – Arbeitsplatz – Altersversorgung müssen wir erst noch komponieren.

Gerhard Schröder,
Und weil wir unser Land verbessern,
Brief an Herrn Jörg Meno Harms

Kredit

Unter der Regierung des Pharao Asychis herrschte große Not an Geld, und es wurde ein Gesetz erlassen, dass man gegen die Verpfändung der Mumie des eigenen Vaters Geld borgen dürfe.

Herodot,
Historien II, 136

Der Kredit ist das Blut der Wirtschaft; die Kontrolle über den Kredit ist die Kontrolle über die gesamte Gesellschaft.

Upton Sinclair

Mit Fristgeben gedeiht der Handel.

Aus Kamerun

Der Kredit ist eine durch reale Leistungen erzeugte Idee der Zuverlässigkeit.

Goethe

Wenn es nach der Kreditpraxis der deutschen Banken ginge, würde in Silicon Valley heute noch mit dem Rechenschieber gearbeitet.

Gerhard Schröder,
Und weil wir unser Land verbessern,
26 Briefe für ein modernes Deutschland

Geld

Geld ist geprägte Freiheit.

Fjodor Michaijlowitsch Dostojewski

Geld ist eine neue Form der Sklaverei.

Leo Tolstoi

Geld stinkt nicht.

Titus,
auf die Erträge einer
Abortsteuer gebraucht

Geld hat bestechende Eigenschaften.

Werner Mitsch

Geld ist das Brecheisen der Macht.

Friedrich Nietzsche

Geld ist ein guter Soldat, mein Herr, und macht sich Bahn.

Shakespeare,
Die lustigen Weiber von Windsor

Das Geld ist eines der großartigsten Werkzeuge der Freiheit, die der Mensch jemals erfunden hat.

Friedrich August von Hayek

Daher die Unruhe, Fieberhaftigkeit, Pausenlosigkeit des modernen Lebens, dem im Gelde das unabstellbare Rad gegeben ist, das die Maschine des Lebens zum Perpetuum mobile macht.

Georg Simmel,
Philosophie des Geldes

Geld ist die einzige Macht, auf die Verlass ist.

Madonna

Ich glaube, die Macht, Geld zu verdienen, ist eine Gabe Gottes, die weiterentwickelt und nach unseren besten Möglichkeiten zum Wohl der Menschheit gebraucht werden soll.

John Davidson Rockefeller,
in Josephson: The Robber Barons, 1934

Geld macht nicht glücklich, aber es erlaubt einem, sich sein Elend auszusuchen.

Kurt Strachwitz

Wer der Meinung ist, dass man für Geld alles haben kann, gerät leicht in den Verdacht, dass er für Geld alles zu tun bereit sei.

Benjamin Franklin

Der Hauptwert des Geldes besteht in der Tatsache, dass man in einer Welt lebt, in der es überbewertet wird.

Henry Louis Mencken

Kein schlimmeres Gut erwuchs uns als das Geld!
Das Geld hat ganze Städte ausgelöscht,
die Menschen fort von Haus und Hof gejagt,
hat Redliche verführt, das reine Herz verwirrt
und auf den bösen Pfad gebracht,
den Menschen jede Schurkerei gezeigt.

Sophokles,
Antigone I

Man muss wählen, ob man der Stabilität des Goldes oder der Ehrenhaftigkeit und Intelligenz der Regierungen vertraut. Bei allem Respekt vor diesen Herren – ich empfehle Gold.

George Bernard Shaw

Kapitalflucht kommt vor Menschenflucht.

Helmar Nahr

Der oberste Zweck des Kapitals ist nicht, mehr Geld zu schaffen, sondern zu bewirken, dass das Geld sich in den Dienst der Verbesserung des Lebens stellt.

Henry Ford,
Erfolg im Leben

Steuer

Man soll seine Steuern dem Staat zahlen, wie man seiner Geliebten einen Blumenstrauß schenkt.

Novalis

Dat census honores.
Die Steuerklasse bringt Ehren.

Ovid,
Amores III, 8, 55

Vor den Steuern fliehen fast ebenso viele Menschen ins Ausland wie vor Diktatoren.

James Newman

Um eine Einkommensteuererklärung abgeben zu können, muss man Philosoph sein; sie ist zu schwierig für einen Mathematiker.

Albert Einstein

Steuergerechtigkeit ist das Gleichgewicht der Lobbys.

Helmar Nahr

Wer Steuergesetze macht, muss Strenge herrschen lassen, wer sie anwendet, Milde.

Aus China

Es ist gerecht, dass jeder Einzelne dazu beiträgt, die Ausgaben des Staates tragen zu helfen. Aber es ist nicht gerecht, dass er die Hälfte seines jährlichen Einkommens mit dem Staate teilen muss.

Friedrich II.

Der Sturz des kapitalistischen Systems ist unvermeidlich. Er wird durch die Einkommenssteuer erreicht werden.

Ephraim Kishon

Ihr klagt über die vielen Steuern: Unsere Trägheit nimmt uns zweimal so viel ab, unsere Eitelkeit dreimal so viel und unsere Torheit vielmals so viel.

Benjamin Franklin,
Der Weg zum Reichtum

Finanzbeamte sind Leute, die das Doppelte von dem glauben, was man ihnen sagt.

Ugo Tognazzi

Nur zwei Dinge auf dieser Welt sind uns sicher: der Tod und die Steuer.

Benjamin Franklin

Wer in einem Testament nicht bedacht worden ist, findet Trost in dem Gedanken, dass der Verstorbene ihm vermutlich die Erbschaftssteuer ersparen wollte.

Peter Ustinov

Wer mehr Geld hat, als er hat, hat es im Finanzamt zu melden. Hat er nicht mehr, als er hat, hat er es auch zu melden. Nur wenn er genauso viel hat, als ein anderer hat, der gar keines hat, hat er Steuerfreiheit.

Karl Valentin

Steuer: ein erlaubter Fall von Raub.

Thomas von Aquin

Steuerzahler sind unfreiwillige Blutspender.

Marcel Marceau

Zigarette: eine mit Tabak gefüllte Steuerquittung.

Wolfram Engels

Sparsamkeit

Politiker sparen, indem sie die Gürtel der Bürger enger schnallen.

Lothar Schmidt

Es gilt bei den Häuptlingen zu sparen, nicht bei den Indianern.

Ulf Fink

Sparsam sein ist nicht in erster Linie eine nationalökonomische Funktion, sondern eine menschliche Haltung. Ich spare nicht nur, wenn ich Sparmarken klebe oder etwas in die Büchse tue, auf die Sparkasse oder die Bank laufe oder meine Prämie der Lebensversicherung abfertige, sondern indem ich mit meinen Sachen achtsam umgehe, indem ich nichts verkommen lasse, die Lebensführung in einem mir, meinem Volk, meiner Zeit gemäßen Rahmen halte.

Theodor Heuss,
30.10.1952

Die meisten tragen ihr Geld zur Bank, um es vor sich selbst in Sicherheit zu bringen.

Sigmund Graff

Subvention

Öffentliche Gelder sind wie Weihwasser: Jeder bedient sich.

Aus Italien

Subventionen: wirtschaftspolitischer Denkmalschutz.

Helmar Nahr

Subventionen zu empfangen beruht auf der Kunst, so lange zu jammern, bis einem die Fettpolster als Hungerödeme angerechnet werden.

Raymond Leclere

Jede Förderung der Wirtschaft hat dort eine Grenze, wo versucht wird, ihr Risiko auf den Staat zu verlagern.

Wilhelm Kaisen

Butterberge sind die Folge von Milchmädchenrechnungen.

Werner Mitsch,
Sprüche, nichts als Sprüche

Grover Cleveland verweigerte in den Neunzigerjahren einem Gesetz, das fünfundzwanzigtausend Dollar zur Unterstützung der Landwirtschaft vorsah, die Zustimmung: »Ein solcher Missbrauch von Staatsmitteln widerspricht der Verfassung. Außerdem ist es die Aufgabe des Volkes, die Regierung zu unterhalten, nicht aber Aufgabe der Regierung, das Volk zu unterhalten.«

Aus Witze, Fabeln, Anekdoten von
Eberhard Puntsch

Inflation

Das Bemühen um ein stabiles Preisniveau steht an der Spitze der wirtschaftlichen Rangordnung. Auch eine nur leicht inflationäre Entwicklung ist so etwas wie eine entschädigungslose Enteignung zugunsten der öffentlichen Hand.

Ludwig Erhard,
1963

Durch einen fortwährenden Inflationsprozess können Regierungen, heimlich und unbeobachtet, die meisten Reichtümer ihrer Bürger beschlagnahmen.

John Maynard Keynes,
Essay in Persuasion, 1931

Inflation ist wie ein Rauschgift. Für eine Weile versetzt es uns in Hochstimmung, verklärt die Welt und hilft uns, unsere Probleme zu vergessen. Aber das Erwachen folgt unweigerlich. Dann wird klar, dass die Reise keine Probleme gelöst, sondern noch weitere geschaffen hat.

Schiller

Inflation ist eine Art der Steuer, die nicht vom Gesetzgeber genehmigt werden muss.

Milton Friedman

Inflation ist wie die Sünde: Jede Regierung verdammt sie, und jede Regierung praktiziert sie.

Sir Frederick Leith-Ross,
Observer, 30.6.1957

Wir werden niemals Inflation verhindern können, solange wir der Regierung nicht das Monopol der Geldausgabe wegnehmen.

Friedrich August von Hayek,
Interviewfilm »Inside the Hayek-Equation«

Wenn die Regierung das Geld verschlechtert, um alle Gläubiger zu betrügen, so gibt man diesem Verfall den höflichen Namen »Inflation«.

George Bernard Shaw

Besitz

Die Sanftmütigen werden die Erde besitzen – aber nicht die Schürfrechte.

Paul Getty

Das Vermögen soll durch Mittel erworben werden, die von Unsittlichkeit frei sind. Erhalten aber soll man es durch Genauigkeit und Sparsamkeit.

Cicero,
De officiis II, 24

Aller Besitz ist vom Schicksal geborgt.

Seneca,
an Lucilius

Der Erste, der ein Stück Land umzäunte und auf den Einfall kam zu sagen, dies gehört mir, und einfältige Leute antraf, die es ihm glaubten, war der eigentliche Begründer der bürgerlichen Gesellschaft.

Jean-Jacques Rousseau,
Über Ursprung und Grundlagen der Ungleichheit

Wenn man die Menschheit zu etwas Besserem umwandeln, aus halben Tieren Menschen machen will, so gebe man ihnen Land.

Fjodor Michaijlowitsch Dostojewski,
Tagebuch eines Schriftstellers

Nur wer Geist hat, sollte Besitz haben: Sonst ist der Besitz gemeingefährlich.

Friedrich Nietzsche,
Menschliches, Allzumenschliches, Ein Buch für freie Geister

Jede Art von Besitz soll der Mensch festhalten; er soll sich zum Mittelpunkt machen, von dem das Gemeingut ausgehen kann. Er muss zusammenhalten, damit er spenden könne.

Goethe,
Wilhelm Meisters Wanderjahre I, 6

Würde alles Geld und Gut dieser Welt an einem beliebigen Tag um drei Uhr nachmittags gleichmäßig unter die Erdenbewohner verteilt, so könnte man schon um halb vier erhebliche Unterschiede in den Besitzverhältnissen der Menschen feststellen.

Paul Getty

Ich glaube, dass jedes Recht eine Verantwortung, jede Gelegenheit eine Aufgabe und jeder Besitz eine Verpflichtung auferlegt.

John D. Rockefeller

Eigentum

Die Macht hat nur eine Ursache: das Grundeigentum.

Alexis Graf von Tocqueville,
Auswahl aus Werken und Briefen

Ein Mensch, der kein Eigentum erwerben darf, kann kein anderes Interesse haben, als so viel wie möglich zu essen und so wenig wie möglich zu arbeiten.

Adam Smith,
Natur und Ursachen des Volkswohlstandes

Eigentum ist Diebstahl.

Pierre Joseph Proudhon

Wer Eigentum besitzt, verfügt über den simpelsten und verbreitetsten Zugang zur Macht, denn er kann denjenigen, dessen Willen er beugen will, ganz einfach kaufen. Auf diese Weise unterwirft der Arbeitgeber die Arbeitnehmer seinen Zielen, der Reiche seinen Chauffeur, der Interessenverband die Politiker, die er sich hält, und der Lüstling seine Mätresse.

John Kenneth Galbraith,
Anatomie der Macht

In der Jugend, wo wir nichts besitzen oder doch den ruhigen Besitz nicht zu schätzen wissen, sind wir Demokraten. Sind wir aber in einem langen Leben zu Eigentum gekommen, so wünschen wir dieses nicht allein gesichert, sondern wir wünschen auch, dass unsere Kinder und Enkel das erworbene ruhig genießen mögen. Daher sind wir im Alter immer Aristokraten.

Goethe,
zu Eckermann, 15.7.1827

Reichtum

Sonst waren die reichsten Länder, wo die Natur am günstigsten war, jetzt sind es die, wo der Mensch am tätigsten ist.

Henry Thomas Buckle,
Geschichte der Zivilisation, Einleitung

Wer reich ist, kann das Leben zu seinem Beruf machen.

Nubar Gulbenkian,
Wir, die Gulbenkians

In einem gut regierten Land ist Armut eine Schande, in einem schlecht regierten Reichtum.

Konfuzius

Dass Leute, die Verdienste haben, seltener zu einem Vermögen kommen als jene, die kaum welche haben, liegt daran, dass sie sich weniger darum kümmern. Verdiente Leute finden unabhängig vom Vermögen Beachtung, sie werden gemocht und geschätzt. Deswegen ist das Vermögen in ihren Augen auch nicht so wichtig wie für die, die nur in einer bestimmten Stellung und aufgrund von Ehren und Gütern bemerkt werden.

Montesquieu,
Meine Gedanken

Armut

Die Armut in der Welt wird in den seltensten Fällen durch Gütermangel, in der Hauptsache vielmehr durch Geldknappheit erzeugt.

Henry Ford,
Erfolg im Leben

Armut ist die giftigste Substanz auf der Welt.

Klaus Töpfer,
Süddeutsche Zeitung, 9.11.2001

Jedes Land, in dem Betteln ein Beruf ist, wird schlecht regiert.

Voltaire

Die Situation der Armen war nie besser als in den Zeiten des freien Marktes. Wenn man aber erst mal damit anfängt, die zehn Prozent der Bevölkerung mit dem jeweils niedrigsten Einkommen »die Armen« zu nennen, dann wird es immer Arme geben, weil einige immer diese zehn Prozent sein müssen.

Friedrich August von Hayek,
Interview in der Neuen Zürcher Zeitung vom 5.12.1981

Wenn eine freie Gesellschaft den vielen, die arm sind, nicht helfen kann, kann sie auch die wenigen nicht retten, die reich sind.

John F. Kennedy,
Inaugural Address, 20. 1.1961

Das Heilmittel gegen Armut liegt nicht in kleinlichem Sparen, sondern in einem besseren Produktionsverfahren.

Henry Ford,
Erfolg im Leben

Man kann den Armen nicht helfen, indem man die Reichen vernichtet.

Abraham Lincoln

Wer meint, die Armut des Volkes gewährleistet die Ruhe, irrt sich gewaltig, wie die Tatsachen lehren; denn wo findet man mehr Gezänk als unter den Bettlern?

Thomas More,
Utopia I

Es ist nicht unsere Aufgabe, die Armut gleich zu verteilen – es ist unsere Aufgabe, sie zu beseitigen.

Ludwig Erhard

Wohlstand

Die Menschen geraten auf zwei verschiedenen Wegen in die Knechtschaft. Der Hang zum Wohlstand lenkt sie von der Beteiligung an der Regierung ab, und die Liebe zum Wohlstand bringt sie in eine immer stärkere Abhängigkeit von den Regierenden.

Alexis Graf von Tocqueville,
Auswahl aus Werken und Briefen

Wohlstand ist, wenn die Menschen mehr Uhren haben als Zeit.

Werner Mitsch

Wohlstand ist das Durchgangsstadium von der Armut zur Unzufriedenheit.

Helmar Nahr

Die Hybris, die uns versuchen lässt, den Himmel auf Erden zu verwirklichen, führt uns dazu, unsere gute Erde in eine Hölle zu verwandeln.

Karl Popper

Das endlose Wachstum materiellen Wohlstands, von dem wir die Lösung aller Probleme erhoffen, ist selbst zum Hauptproblem geworden.

John Kenneth Galbraith

Der hohe Lebensstandard ist ein Ziel, für das zwar viele leben wollen, für das aber im Ernstfall niemand sterben wird.

Malcolm Muggeridge

Der Wohlstand unserer Gesellschaft ist in einem enormen Verbrauch an Zukunft begründet.

Jurek Becker

Mit dem wachsenden Wohlstand sinkt das Interesse am Staat. Die Masse verteidigt lieber ihr Elend als ihren Wohlstand.

Sigmund Graff

Nur wer im Wohlstand lebt, schimpft auf ihn.

Ludwig Marcuse,
Argumente und Rezepte,
Ein Wörter-Buch für Zeitgenossen

Lebensstandard ist kein würdiger Ehrgeiz für eine Nation.

Charles de Gaulle

IX. Kapitel

Recht

Das Recht muss nie der Politik, wohl aber die Politik jederzeit dem Rechte angepasst werden. Alle Politik muss ihre Knie vor dem Rechte beugen.

Immanuel Kant

Es soll die Stärke des Rechts, nicht das Recht des Stärkeren gelten.

Klaus Kinkel

In einer neuen stabilen Weltordnung kann keine Gemeinde, kein Staat, keine Region auf die Dauer gedeihen, wenn das Recht des Stärkeren und nicht die Herrschaft des Rechts gilt.

Hans-Dietrich Genscher,
Rede bei der 39. Kommandeurstagung der Bundeswehr am 10.4.2002 in Hannover

Das Recht ist eine Gewalt, die der Gewalt das Recht streitig macht.

Hans Kudszus

Das Recht ist die Form der Macht. Es begrenzt die Macht wie die Form ihren Inhalt.

Rudolf Pannwitz

Das Recht ist nichts anderes als die in der staatlichen Gemeinschaft herrschende Ordnung, und ebendieses Recht ist es auch, das darüber entscheidet, was gerecht ist.

Aristoteles,
Politik

Ihr kennt kein Völkerrecht ohne ein Volksrecht und kein Volksrecht ohne eine Menschenrecht.

Johann Heinrich Pestalozzi,
An die Unschuld, den Ernst und den Edelmut meines Zeitalters

Recht ist der Schutz des Menschen vor dem Menschen durch den Menschen um Gottes willen.

Franz Werfel

Begeistere das menschliche Geschlecht erst für seine Pflicht, dann für sein Recht!

August Graf Neidhardt von Gneisenau

Auch bei uns in Deutschland stehen die Rechte in höherem Kurs als Pflichten. Eine weitgehend permissive Erziehung orientiert sich allzu einseitig an den Grundrechten, von Grundpflichten ist kaum die Rede.

Helmut Schmidt

Rücksichtslos egoistische Selbstverwirklichung erscheint als Ideal, Gemeinwohl dagegen eher als bloße Phrase. Die Verfolgung von Rechten ohne eigenes Pflichtbewusstsein kann ins Chaos führen.

Helmut Schmidt

Was die soziale Ordnung nicht stört, sollte das Gericht nicht kümmern.

Vauvenargues

Das Recht ist der Inbegriff der Bedingungen, unter denen die Willkür des einen mit der Willkür des anderen nach einem allgemeinen Gesetz der Freiheit in Einklang gebracht werden kann.

Immanuel Kant

Rechtskultur ist ein dynamisches Gut. Sie lebt nicht nur von der reinen Philosophie, sondern auch von der tatkräftigen Veränderung.

Gerhard Schröder,
Und weil wir unser Land verbessern, Brief an Klaus Vack

Wenn das Recht sprechen könnte, würde es sich über die Rechtsprechung beklagen.

Otto Galo

Wo Recht zu Unrecht wird, wird Widerstand zur Pflicht.

Bertolt Brecht

Den Namen des Rechts würde man nicht kennen, wenn es das Unrecht nicht gäbe.

Heraklit

Nie hat ein Dichter die Natur so frei ausgelegt wie ein Jurist die Wirklichkeit.

Jean Giraudoux

Der neue Mensch will nicht das Recht, sondern das Rechte.

Robert Musil,
Allerhand Fragliches, Aphorismen

Gesetz

Das allgemeine Wohl soll das höchste Gesetz sein.
Salus publica suprema lex esto.

Lateinisches Sprichwort

Die Sitten sind die Menschen, aber das Gesetz ist die Vernunft eines Landes.

Immanuel Kant

Alle Gesetze sind Versuche, sich den Absichten der moralischen Weltordnung im Welt- und Lebenslaufe zu nähern.

Goethe,
Maximen und Reflexionen, Nachlass, Über Literatur und Leben

Warum sind die Zehn Gebote so einfach kurz und klar und für jedermann verständlich abgefasst? Weil sie ohne Kommission aufgestellt wurden.

Charles de Gaulle

Es gab noch in keinem Volk einen außergewöhnlichen Gesetzgeber, der sich nicht auf Gott berufen hätte, weil seine Gesetze sonst nicht angenommen worden wären; denn es gibt so viele gute Dinge, die ein kluger Mensch erkennt, aber deren Vorteile nicht genügend offenbar sind, um auch andere davon überzeugen zu können.

Niccolò Machiavelli,
Discorsi, Buch I, Kap. II

Wie der Baumeister vor Ausführung eines großen Gebäudes den Erdboden beobachtet und untersucht, um zu sehen, ob er die Last auszuhalten vermag, so macht der weise Gründer des Staats nicht damit den Anfang, an sich gute Gesetze zu erlassen, sondern er prüft vorher, ob das Volk, für das er sie bestimmt, fähig ist, sie zu ertragen.

Jean-Jacques Rousseau,
Der Gesellschaftsvertrag

Es gibt kein Land, wo das Gesetz alles voraussehen kann und die ständigen Einrichtungen Vernunft und Sitte zu ersetzen in der Lage sind.

Alexis Graf von Tocqueville

Die Gesetze müssen sich nach den Verfassungen richten, nicht aber die Verfassungen nach den Gesetzen.

Aristoteles

Um die besten Gesellschaftsregeln zu finden, die den Nationen entsprechen, wäre eine höhere Vernunft nötig, die alle Leidenschaften der Menschen sieht, aber keine davon empfindet, die keinen Bezug zu unserem Wesen hat und es doch zutiefst kennt, deren Glück unabhängig von uns wäre und die sich des unseren dennoch annehmen wollte. Es bedürfte der Götter, um den Menschen Gesetze zu geben.

Jean-Jacques Rousseau,
Vom Gesellschaftsvertrag oder Grundlagen des politischen Rechts

Jede große Reform hat nicht darin bestanden, etwas Neues zu tun, sondern etwas Altes abzuschaffen. Die wertvollsten Gesetze sind die Abschaffungen früherer Gesetze gewesen.

Henry Thomas Buckle,
Geschichte der Zivilisation in England 5

Die Gesetze gleichen den Spinnweben. Denn fällt etwas Leichtes und Schwaches hinein, so wird es festgehalten, ist es aber etwas Größeres, dann schlägt es durch und kommt heil davon.

Solon

Die Verfassung muss elastisch sein – lieber aus Gummi als aus Eisen.

Charles de Gaulle

Rechtsnormen können auf die Dauer nur zwingen, wenn die Verfahren, nach denen sie zustande kommen, als legitim anerkannt sind.

Jürgen Habermas,
Vergangenheit als Zukunft,
Interview mit Michael Haller

Eben darum sind die Gesetze ein menschliches, nicht ein göttliches Institut, damit sie, sobald es notwendig geworden, sobald das Leben einen anderen Gang genommen hat, demgemäß verändert werden können.

Leopold von Ranke,
Über die Zeiten Ferdinands I. und Maximilians II.

Überflüssige Gesetze tun den notwendigen an ihrer Wirkung Abbruch.

Montesquieu

Das Gesetz in seiner majestätischen Gleichheit verbietet den Reichen wie den Armen, unter den Brücken zu schlafen, auf den Straßen zu betteln und Brot zu stehlen.

Anatol France,
Le Lys Rouge, 1894

An einem Frühlingsmorgen 1794 ging Katharina II. mit Sofia de Witt, der späteren Gräfin Potocka, im Petersburger Sommergarten spazieren. Eine vorwitzige Blume gefiel den Damen, und die Zarin beorderte einen Posten daneben, damit sie nicht zertreten werde.
1859 bemerkte Alexander II. mitten auf der Wiese einen Soldaten Wache schieben. Niemand konnte Auskunft geben, warum der Mann dort steht. Bis einem uralten Gärtner der Grund dämmerte.
Da wurde der Posten eingezogen.

Aus Witze, Fabeln, Anekdoten von
Eberhard Puntsch

Es erben sich Gesetz und Rechte
Wie eine ewige Krankheit fort,
Sie schleppen vom Geschlecht sich zu Geschlechte
Und rücken sacht von Ort zu Ort.
Vernunft wird Unsinn, Wohltat Plage.

Goethe,
Faust

Das Gesetz garantiert zwar nicht das Mittagessen, aber die Mittagspause.

Wieslaw Brudzinski

Kein Bürger darf sich als Einzelner so hoch erheben, dass man ihn nicht nach den Gesetzen zur Verantwortung ziehen könnte.

Livius Titus

Früher litten wir an Verbrechen, heute an Gesetzen.

Tacitus,
Annalen 3, 25

Jede Zeit hat die Verbrechen, die sie verdient.

Gustav Radbruch

Hätte die Natur so viele Gesetze wie der Staat, Gott selbst könnte sie nicht regieren.

Ludwig Börne

Nichts erhält die Gesetze so wirksam wie ihre Anwendung gegen hochgestellte Personen.

Tacitus,
Annalen

Wir binden uns ans Gesetz, um frei zu sein.

Cicero

Das Gesetz ist der Freund des Schwachen.

Schiller,
Die Braut von Messina I, 8

Dass unsere Gesetze immer schlechter stilisiert und immer lüderlicher redigiert werden, liegt wesentlich an der Menge von Abgeordneten, die an ihnen herumpfuscht.

Nicolai Hartmann,
Tagesfragen 5

Gesetze verraten nicht das, was ein Volk ist, sondern das, was ihm fremd erscheint.

Friedrich Nietzsche

Wenn man alle Gesetze studieren wollte, so hätte man gar keine Zeit mehr, sie zu übertreten.

Goethe

Wer die Gesetze nicht kennt, bringt sich um das Vergnügen, gegen sie zu verstoßen.

Jean Genet

Was das Gesetz nicht verbietet, verbietet der Anstand.

Seneca

Wer weiß, wie Gesetze und Würste zustande kommen, der kann nachts nicht mehr ruhig schlafen.

Otto Graf von Bismarck

Es ist eine deutsche Eigenart zu glauben, es seien alle Probleme gelöst, wenn erst einmal ein Gesetz erlassen worden ist.

Barbara Stamm

Das Gesetz ist ein Vertrag, worin man sich gegenseitig das Recht verbürgt. Aber es ist nicht imstande, die Bürger zu Sittlichkeit und Gerechtigkeit zu erziehen.

Lykophron

Regulierung

Wie die Geschichte der Kartellgesetzgebung zeigt, führt der sich selbst überlassene Kapitalismus in der Endphase zur Aufhebung gerade des Prinzips, das ihn legitimieren soll: Die Monopole, nicht der Markt bestimmen Angebot und Nachfrage. So kommt der Staat schließlich in die Lage, das Prinzip des Leistungswettbewerbs gegen den Kapitalismus verteidigen zu müssen.

Gerhard Szczesny,
Das sogenannte Gute 16

Weisheit waltet durch Nichttun. Je mehr Verwaltung und Verbote, umso mehr Gewalt und Armut. Je mehr Gewalt und Waffen, umso mehr Unruhe und Widerstand. Je mehr Schlauheit und Berechnung, umso mehr Verschlagenheit und Rückschläge. Je mehr Verordnungen, umso mehr Feinde der Ordnung.

Lao-Tse,
Tao-Teh-King 57

Die deutsche Wirtschaft ist im Grunde leistungsstark wie ein Riese. Aber sie liegt wie Gulliver eingeschnürt am Boden, gefesselt von Tausenden von Normen, Richtlinien, Verordnungen, Auflagen, Abgaben, Steuern, Geboten oder Regulierungen.

Hermann Otto Solms

Wir haben nicht zu wenig Staat und Bürokratie, sondern zu viel. Und vor allem haben wir schon jetzt einen Staat, der die Menschen viel zu sehr bevormundet, statt ihnen Rahmenbedingungen zu schaffen, selbst Verantwortung zu übernehmen.

Gerhard Schröder,
Und weil wir unser Land verbessern,
Brief an Richard von Weizsäcker

Unternehmerisches Handeln ist hierzulande ein Hindernislauf.

Eberhard von Kuenheim,
Süddeutsche Zeitung, 16.1.2001

Eine notwendige Bedingung für eine gesunde Wirtschaft ist die Befreiung von der kleinlichen Tyrannei der massiven staatlichen Verordnungen.

Gerald R. Ford

Gerechtigkeit

Gerechtigkeit ohne Gnade ist nicht viel mehr als Unmenschlichkeit.

Albert Camus

Wo keine Gerechtigkeit ist, ist keine Freiheit, und wo keine Freiheit ist, ist keine Gerechtigkeit.

Johann Gottfried Seume,
Spaziergang nach Syrakus

Gerechtigkeit sind Regeln des Handelns; Handeln kann nur ein Individuum. Man könnte bestenfalls Grenzen des Handelns des Staates mit dem Namen »Gerechtigkeit« bezeichnen, aber nicht eine Zuteilungstätigkeit des Staates. Die ganze Idee, dass man bestimmen kann, was jeder haben soll, hat mit einem eigentlichen Gerechtigkeitsgedanken überhaupt nichts zu tun; es ist ein Missbrauch des Wortes.

Friedrich August von Hayek,
Interview in der Neuen Zürcher Zeitung vom 5.12.1981

Republiken hab ich gesehen, und
das ist die beste,
die dem regierenden Teil Lasten,
nicht Vorteil gewährt.

Goethe,
Vier Jahreszeiten

Wir haben Gerechtigkeit erwartet und den Rechtsstaat bekommen.

Bärbel Bohley

Der größte Feind des Rechtes ist das Vorrecht.

Marie von Ebner-Eschenbach,
Aphorismen

Selbstgerechtigkeit ist nicht eine neue Spielart der Gerechtigkeit, sondern oft der Anfang von neuem Unrecht.

Hans-Dietrich Genscher

Privilegien aller Art sind das Grab der Freiheit und Gerechtigkeit.

Johann Gottfried Seume,
Der Spaziergang nach Syrakus, Paris

X. Kapitel

Religion

Ehe wir Amerikaner oder Russen, Israelis oder Ägypter, ehe wir Christen oder Moslems, Hindus oder Juden waren, ehe wir etwas von all dem waren, das uns heute trennt, waren wir Männer und Frauen, die Gott geschaffen hat. Das ist die Botschaft der großen Religionen.

David Ben Gurion

Wäre nur eine Religion in der Welt, so würde sie stolz und zügellos despotisch sein.

Friedrich der Große

Die Religionen müssen alle toleriert werden und muss der Fiskal nur das Auge darauf haben, dass keine der anderen Abbruch tue; denn hier muss ein jeder nach seiner Fasson selig werden.

Friedrich der Große

Die Religion kann erst dann wieder zur Kulturmacht werden, wenn sie sich von aller Zweckhaftigkeit frei macht. Zu dieser gehören Glaube und Erlösung.

Walther Rathenau

Sonst war die Religion, ich gesteh's,
die Stütze des Staates,
aber jetzt ist der Staat Stütze der Religion.

Ludwig Feuerbach

Religion ist eine Krücke für schlechte Staatsverfassungen.

Arthur Schopenhauer

Die Religion kann nie schlimmer sinken, als wenn sie zur Staatsreligion erhoben wird. Es geht dann gleichsam ihre innere Unschuld verloren, und sie wird so öffentlich stolz wie eine deklarierte Maitresse.

Heinrich Heine,
Briefe aus Berlin, 16.3.1822

Überall dort, wo Religion und Staat deckungsgleich sind und es eine offizielle Staatsreligion gibt, werden Minderheiten unterdrückt, sind Intoleranz und Verletzung der Menschenrechte an der Tagesordnung.

Alois Glück,
Verantwortung übernehmen

Die Religionen sind die ausgedehntesten Sozialtheorien, die es bisher gegeben hat.

Hans Lohberger,
Aphorismen

Mohammed war Gesetzgeber, Staatsgründer – und er war Feldherr. Er hat Krieg geführt! Da jeder Mensch dem Propheten nacheifern soll, ist das Bild bezeichnend.

Peter Scholl-Latour, Süddeutsche Zeitung, Magazin, 18.1.2002

Der Islam ist noch eine Religion. Das Christentum schrumpft allmählich zu einer Sittenlehre, zu einer sozialen Veranstaltung.

Peter Scholl-Latour, Süddeutsche Zeitung, Magazin, 18.1.2002

Die Religion ist Opium für das Volk. Die Religion ist eine Art geistiger Fusel, in dem die Sklaven des Kapitals ihre Menschenwürde und ihren Anspruch auf eine halbwegs menschenwürdige Existenz ersäufen.

Wladimir Iljitsch Lenin

Die Religion ist der Seufzer der bedrängten Kreatur, das Gemüt einer herzlosen Welt, wie sie der Geist geistloser Zustände ist. Sie ist das Opium des Volkes.

Karl Marx, Zur Kritik der Hegelschen Rechtsphilosophie

Um sein Ziel zu erreichen, zitiert selbst der Teufel aus der Bibel.

William Shakespeare

Religion prägt die Menschen viel intensiver als alle Politik.

Michel Houellebecq, Süddeutsche Zeitung, Magazin, Sie wollen alle Sex

Der Versuch, Europa zum christlichen Glauben zu bekehren, ist gelungen. Der Versuch, Europa zur christlichen Moral zu bekehren, ist misslungen. Europa und Amerika sind heute nicht die christlichsten, sondern die unchristlichsten Teile der Kulturmenschheit.

Richard Graf von Coudenhove-Kalergi, Held und Heiliger

Kirche

Die Kirche hat nicht den Auftrag, die Welt zu verändern. Wenn sie aber ihren Auftrag erfüllt, verändert sich die Welt.

Carl Friedrich von Weizsäcker

Die heilige Kirche hat im Laufe ihrer langen wechselvollen Geschichte die Gebresten der Zeit auch nicht immer mit der gleichen Härte verfolgt, sie hat, wenn es sich um vornehme Beichtkinder handelte, das Laster oft mehr mit der Puderquaste gegeißelt als mit der Stachelpeitsche und im Ganzen die schweren Pönitenzen dem niedern Volk vorbehalten.

Carl von Ossietzky, Der Zeit den Spiegel vorhalten

Wenn die Kirche auch dogmatisch festgelegt ist, so hat sie doch immer wieder verstanden, gegenüber einer Macht, die ihr entschlossen die Zähne zeigte, rechtzeitig einzuschwenken.

Carl von Ossietzky,
Der Zeit den Spiegel vorhalten

Keines der Prinzipien abendländisch-christlicher Ethik verbietet das individuelle Vorteilsstreben als solches. Ökonomik ist Ethik mit anderen, besseren Mitteln. Sie hat als Ganze eine ethische Bestimmung.

Karl Homann,
Marktwirtschaft und Ethik,
in »zur debatte« 31 , 2001

Ethik

Keine Pflicht einer Staatsregierung ist grundlegender als die, höchste Normen ethischen Verhaltens unter denjenigen aufrechtzuerhalten, die mit der Führung der öffentlichen Angelegenheiten betraut sind.

John F. Kennedy

Das Hauptproblem von Ethik und Politik besteht darin, auf irgendeine Weise die Erfordernisse des Gemeinschaftslebens mit den Wünschen und Begierden des Individuums in Einklang zu bringen.

Bertrand Russell

Wer tagtäglich vor dem »Tribunal der Weltöffentlichkeit« steht, muss sich allein schon aus Gründen des Selbsterhalts ethisch verhalten.

Erich Greipl,
Unternehmerisches Handeln in der globalisierten Wirtschaft, welche Rolle spielen ethische Kriterien?

Politik ist pragmatisches Handeln zu sittlichen Zwecken.

Helmut Schmidt,
zitiert von Marion Gräfin Dönhoff,
Macht und Moral

Ohne einen ethischen Minimalkonsens kann eine Gesellschaft nicht existieren – sie braucht Spielregeln, Normen und eine gewisse Tradition.

Marion Gräfin Dönhoff,
Macht und Moral

Die ethische Herausforderung besteht in einer verantwortbaren Balance der Ziele. Wirtschaftliche Ethik ist daher stets eine Ethik des riskierten Kompromisses.

Albrecht Schmidt,
Unternehmerisches Handeln in der globalisierten Wirtschaft, Welche Rolle spielen ethische Kriterien?

Moral

Die Politik darf sich nicht auf moralische Appelle stützen, sondern hat die Rahmenbedingungen so zu gestalten, dass sie das moralisch gewünschte Verhalten unterstützen.

Alois Glück,
Verantwortung übernehmen

Die wahre Politik kann keinen Schritt tun, ohne vorher der Moral gehuldigt zu haben.

Immanuel Kant,
Zum ewigen Frieden

Wo Politik ist oder Ökonomie, da ist keine Moral.

Friedrich Schlegel,
Ideen

Es ist ein Grundsatz, dass Ehrenhaftigkeit immer die beste Politik ist, und zwar ebenso bei öffentlichen wie bei privaten Angelegenheiten.

George Washington,
Abschiedsbotschaft, 1796

Die Nachrichtendienste aller Länder würden sofort einen großen Teil ihres Einflusses und ihrer Macht verlieren, wenn Seitensprünge von Politikern nicht mehr als unanständig gelten würden.

John Osborne

Was moralisch falsch ist, kann nicht politisch richtig sein.

William Ewart Gladstone

Viele Antifaschisten glauben, dass sie schon mit ihrem Anti human sind.

Ludwig Marcuse,
Argumente und Rezepte,
Ein Wörter-Buch für Zeitgenossen

Das Geld, nicht die Moral, ist die Maxime der Handelsnationen.

Thomas Jefferson,
Brief an John Langdon, 1810

Nur mit der Anwendung des Volksliedes »Üb immer Treu und Redlichkeit« wird man nicht durchkommen.

Roman Herzog,
Süddeutsche Zeitung, 8.3.2000

Weltverbesserer

Die Weltverbesserer sind die eigentlichen Feinde einer offenen Gesellschaft.

Karl Popper

Die lächerlichsten aller Träume sind die Träumereien der Weltverbesserer.

Molière

Von allen politischen Idealen ist der Wunsch, die Menschen glücklich zu machen, vielleicht der gefährlichste.

Karl Popper

Der ewige Jammer mit den Weltverbesserern ist, dass sie nie bei sich selbst anfangen.

Thornton Wilder

Die anständigen Menschen arbeiten um des Ruhmes und des Geldes willen. Die unanständigen wollen die Welt verändern und die Menschen erlösen.

Marcel Reich Ranicki

XI. Kapitel

Militär

Das Militär ist eine Pflanze, die man sorgfältig pflegen muss, damit sie keine Früchte trägt.

Jacques Tati

Wer einen Staat verteidigen will, muss ihn verteidigungswürdig machen.

Jean Monnet

Wo man anfängt, den Krieger von dem Bürger zu trennen, ist die Sache der Freiheit und Gerechtigkeit schon halb verloren.

Johann Gottfried Seume,
Apokryphen

Eine Armee ist bestimmt dann ganz demokratisch, wenn ein Oberleutnant damit rechnen muss, dass sein Rekrut von heute sein Bürovorsteher von morgen ist.

Dwigth David Eisenhower

Ein Rekrut, aufgefordert, den Unterschied zwischen Vorsicht und Feigheit zu erklären: »Stäbe sind vorsichtig und setzen sich ab. Soldaten fliehen und sind feige.«

Aus Witze, Fabeln, Anekdoten von
Eberhard Puntsch

Man braucht die Wolle von zehn Schafen, um einen Soldaten einzukleiden, und das Fell von zwanzig Steuerzahlern, um ihn zu erhalten.

Verfasser unbekannt

Jeder Feind, den Cäsars Legionen umbrachten, kostete Rom zwei Mark. Napoleon hatte für jeden getöteten Feind zwölftausend Mark aufzubringen. Im amerikanischen Unabhängigkeitskrieg erhielt man für rund zwanzigtausend Mark eine gegnerische Leiche. Jeder tote deutsche Soldat des Ersten Weltkriegs kostete die Alliierten neunzigtausend Mark, jeder gefallene Deutsche, Italiener oder Japaner des Zweiten Weltkriegs die Siegermächte rund eine Million Mark. Für die Tötung eines Gegners in einem künftigen Krieg werden Spesen in Höhe von viereinhalb Millionen Mark prophezeit.

Verfasser unbekannt

Es ist relativ leicht, den Wehrdienst zu verweigern. Sie können sich aus dem Internet eine Begründung abrufen und auf ihr Gewissen übertragen.

Walter Kolbow,
zum Anstieg der Zahl der Wehrdienstverweigerer auf Rekordniveau

Andere Staaten besitzen eine Armee. Preußen ist eine Armee, die einen Staat besitzt.

Honoré Gabriel Riqueti Comte de Mirabeau

Waffen

Die Entfesselung der Atomenergie hat eine neue Welt geschaffen, in der alte Denkmethoden völlig sinnlos geworden sind, und darin sind alte diplomatische Traditionen wie die Idee des »Gleichgewichts der Mächte« einbegriffen.

Albert Einstein, Über den Frieden

Mit einem freundlichen Wort und einer Pistole in der Hand erreicht man mehr als nur mit einem freundlichen Wort.

Al Capone

Die Anwendung von Atomwaffen ist zu billigen, wenn eine geringstmögliche Schädigung von Zivilpersonen gewährleistet ist.

O'Connor, New Yorker Erzbischof vor dem Repräsentantenhaus

Wer Waffen schmiedet, bereitet Krieg.

Goethe, Achilles 120

Es ist gleichgültig, wie viel Geld wir für Waffen ausgeben – eine Sicherheit, die nur auf Waffen beruht, gibt es nicht. Unsere Sicherheit ist das Ergebnis unserer ökonomischen, intellektuellen, moralischen und militärischen Stärke.

David Dwight Eisenhower

Im Atomzeitalter muss die Menschheit den Krieg abschaffen. Er ist eine Frage von Leben und Tod. Die einzige Militärmacht, die der Welt Sicherheit verschaffen kann, ist eine auf Weltrecht gestützte supranationale Polizeitruppe. Diesem Ziel müssen wir unsere ganze Kraft widmen.

Albert Einstein, Über den Frieden

Unsere Waffen seien Waffen des Geistes, nicht Panzer und Geschosse. Was für eine Welt könnten wir bauen, wenn wir die Kräfte, die ein Krieg entfesselt, für den Aufbau einsetzten! Ein Zehntel der Energien, die die Krieg führenden Nationen im Weltkrieg verbraucht, ein Bruchteil des Geldes, das sie mit Handgranaten und Giftgasen verpulvert haben, wäre hinreichend, um den Menschen aller Länder zu einem menschenwürdigen Leben zu verhelfen sowie die Katastrophe der Arbeitslosigkeit in der Welt zu verhindern.

Albert Einstein, Über den Frieden

Wer sich der Norm des Waffentragens unterwirft, trägt, wenn er es gewissenhaft tut, dazu bei, eine Ordnung zu schützen, die wir noch nicht durch eine neue Ordnung zu ersetzen vermocht haben. Wer sich der Norm des Waffenverzichts unterwirft, muss hoffen, heute schon ein Beispiel der Ethik zu geben, die eines Tages die allgemeine sein wird.

Carl Friedrich von Weizsäcker,
Friede und Wahrheit,
in »Die Zeit« 26, 1967

Waffen gegen den Krieg ist wie Schnaps gegen den Alkoholismus.

William Booth

Mein einziger Beitrag auf dem Gebiet der Atombombe lag in der Unterzeichnung eines Briefes an Präsident Roosevelt, in dem ich auf die Möglichkeit der Herstellung der Atombombe und auf die Gefahr aufmerksam machte, dass die Deutschen von dieser Möglichkeit Gebrauch machen könnten.

Albert Einstein,
Über den Frieden

Es gibt nichts, kein Recht und keine Sache in der Welt, die die Anwendung der Atombombe rechtfertigen könnte.

Heinrich Böll

Ich weiß nicht, welche Waffen im nächsten Krieg zur Anwendung kommen, wohl aber, welche im übernächsten: Pfeil und Bogen.

Albert Einstein

Eine Waffe ist nirgends gefährlicher als in der Hand des Schwachen.

Emmanuel Mournier,
vor der Unesco, 1947

Gewalt

Alle politischen Gebilde sind Gewaltgebilde.

Max Weber,
Wirtschaft und Gesellschaft

Eine Politik, die Gewalt überwinden will, kann nicht auf Gewalt setzen. Gewaltfreiheit gehört daher zu diesen universalistischen Grundwerten der Linken.

Joschka Fischer,
1995

Der einzige »Gewaltverzicht« sind leere Kasernen.

Sigmund Graff

Das Volk, das ein anderes unterjocht, schmiedet seine eigenen Ketten.

Karl Marx

Auge um Auge – und die ganze Welt wird blind sein.

Mahatma Gandhi

Was man mit Gewalt gewinnt, kann man nur mit Gewalt behalten.

Mahatma Gandhi

Ich lehne Gewalt ab, weil das Gute, das sie zu bewirken scheint, nicht lange anhält; dagegen ist das Schlechte, das sie bewirkt, von Dauer.

Mahatma Gandhi

Gewaltlosigkeit wird auf die Probe gestellt, wenn sie der Gewalt gegenübersteht.

Mahatma Gandhi

Gewalt ist die Waffe des Schwachen; Gewaltlosigkeit die des Starken.

Mahatma Gandhi

Angesichts der Massenvernichtungswaffen und der modernen Technologien sollte die Gewalt als Mittel der Politik ganz ausgeschlossen werden. Ich meine dabei nicht nur militärische Gewalt.

Michail Gorbatschow,
Welche Zukunft für Russland?
in Mutmaßungen über
das 21. Jahrhundert

Jetzt ist der Tag da, wo Anwendung von Gewalt gegen ein anderes menschliches Wesen als ebenso verwerflich angesehen werden muss wie Menschenfresserei.

Martin Luther King

Wenn die friedlichen Menschen nichts mehr zu hoffen haben, sehen die Gewalttätigen Anlass zum Schießen.

Harold Wilson

Revolution

Mit Revolution verbanden wir niemals nur einen politischen Umsturz, einen anderen Staat, eine andere Macht- und Eigentumsverteilung, sondern vielmehr die Verneinung all dessen. Kein Staat, keine Macht und kein Eigentum.

Joschka Fischer,
1979

Durch eine Revolution wird vielleicht wohl ein Abfall von persönlichem Despotismus und gewinnsüchtiger oder herrschsüchtiger Bedrückung, aber niemals wahre Reform der Denkungsart zustande kommen; sondern neue Vorurteile werden, eben sowohl als die alten, zum Leitbande des gedankenlosen großen Haufens dienen.

Immanuel Kant,
Politische Schriften

Alle Revolutionen kommen aus dem Magen.

Napoleon I.

Revolutionen sind die Lokomotiven der Geschichte.

Karl Marx

Jede Revolution ist weniger Bauplatz der Zukunft als Auktion der Vergangenheit.

Heimito von Doderer

Revolution ist nicht Barrikade; Revolution ist ein Geisteszustand.

José Ortega y Gasset

Revolution?
Der Besitz wechselt die Taschen.

Georg Kaiser

Eine Revolution muss man am Anfang, nicht am Ende abbremsen.

Adlai Ewing Stevenson

Wer eine friedliche Revolution unmöglich macht, macht eine gewaltsame unvermeidbar.

John F. Kennedy

Der echte Revolutionär rebelliert nicht gegen Missbräuche, sondern gegen Bräuche.

José Ortega y Gasset

Die Krankheiten, die das Wachstum der Menschheit bezeichnen, nennt man Revolutionen.

Friedrich Hebbel,
Tagebücher, 1850

In allen Revolutionen war die Utopie, die Phantasie von einer glücklichen Gesellschaft, immer die stärkste Kraft.

Ludwig Marcuse,
Argumente und Rezepte,
Ein Wörter-Buch für Zeitgenossen

Ich habe immer Revolutionen gehasst wegen der Reaktionäre, die folgten.

Henry Adams

Die Rebellen von heute sind die Despoten von morgen.

Johannes Scherr

Es ist sehr gut, dass die Regierungen Rebellion und Empörung zu Verbrechen machen, aber es ist sehr schlecht, dass ihre meisten Maßregeln geeignet sind, diese Verbrechen zu Tugenden zu stempeln.

Johann Gottfried Seume,
Apokryphen

Die Revolution hat bisher noch immer ihre Führer zuerst verschlungen.

Helmuth Graf von Moltke

Staatliche Grundveränderungen gleichen den chirurgischen Operationen: Heilbringend für die Zukunft, verdoppeln sie das Übel in der Gegenwart, und mehr als ein Patient ist schon am Wundfieber gestorben.

Franz Grillparzer,
Zur Lehre vom Staate

Revolutionen sind Zeiten, in denen der Arme seiner Rechtschaffenheit, der Reiche seines Reichtums und der Unschuldige seines Lebens nicht sicher ist.

Joseph Joubert

Luthers Reformation war unsere einzige wirkliche Revolution.

Martin Walser

Krieg

Jeder Krieg ist eine Niederlage des menschlichen Geistes.

Henry Miller,
Der Koloss von Maruoussi

Das große Karthago führte drei Kriege. Nach dem ersten war es noch mächtig. Nach dem zweiten war es noch bewohnbar. Nach dem dritten war es nicht mehr aufzufinden.

Bertolt Brecht

Krieg ist zuerst die Hoffnung, dass es einem besser gehen wird, hierauf die Erwartung, dass es dem anderen schlechter gehen wird, dann die Genugtuung, dass es dem anderen auch nicht besser geht, und hernach die Überraschung, dass es beiden schlechter geht.

Karl Kraus

Der Krieg verlässt sich seit Jahrhunderten mit Erfolg darauf, dass man, statt ihn zu verfluchen, für den Frieden betet.

Sigmund Graff

Einen Krieg beginnen, heißt nichts weiter, als einen Knoten zerhauen, statt ihn auflösen.

Christian Morgenstern,
Stufen, Politisches, 1907

Der Krieg ist der Kaiserschnitt der Menschheit: Er entbindet gewaltsam die Geister.

Jean Paul,
Fragmente

Krieg: Fortsetzung der Politik mit anderen Mitteln.

Karl von Clausewitz,
Vom Kriege VIII, 6 B

Alle Kriege sind nur Raubzüge.

Voltaire

Sie müssen sich darüber im Klaren sein, dass dieser Krieg nicht gegen Hitler oder den Nationalsozialismus geht, sondern gegen die Kraft des deutschen Volkes, die man für immer zerschlagen will, gleichgültig, ob sie in den Händen Hitlers oder eines Jesuitenpaters liegt.

Winston Churchill,
zitiert in Emrys Hughes, Winston Churchill, His Career in War and Peace, S. 145

Was hat man denn gegen den Krieg? Etwa dass Menschen, die doch einmal sterben müssen, dabei umkommen?

Augustinus

Der Krieg ist darin schlimm, dass er mehr böse Menschen macht, als er deren wegnimmt.

Immanuel Kant

Wir fressen einander nicht, wir schlachten uns nur.

Georg Christoph Lichtenberg,
Von Menschenart

Alle Kriege, die dem Fortschritt dienen, sind gerecht, und alle Kriege, die den Fortschritt behindern, sind ungerecht. Wir Kommunisten sind gegen allen den Fortschritt behindernden, ungerechten Kriege, jedoch nicht gegen fortschrittliche, gerechte Kriege.

Mao Tse-Tung

Das Furchtbarste an jedem Krieg ist der Umstand, dass die Menschen ihn wie ein Naturereignis – etwa wie einen Blitzschlag, ein Erdbeben, eine Springflut – hinzunehmen pflegen, während er in Wirklichkeit ein mit ihrer eigenen Duldung und Mithilfe von Menschenhand vorbereitetes Unternehmen ist, bei dem man den Initiatoren und Managern auch noch die sichersten Plätze reserviert.

Sigmund Graff

»Stell dir vor, es ist Krieg und es geht keiner hin …« – ein Stück literarischer Grundausstattung für Pazifisten. Doch das Zitat geht weiter: »Dann kommt der Krieg zu dir.«

Bertolt Brecht

Ich möchte keine Vorschläge hören, wie wir die Kriegswirtschaft sowie die Maschinerie außer Gefecht setzen können, ich möchte Vorschläge haben, wie wir die deutschen Flüchtlinge bei ihrem Entkommen aus Breslau braten können.

Winston Churchill,
zitiert in Juan Maler, Die Unvollendete, S. 27

Töte einen, und du bist ein Mörder! Töte Tausende, und du bist ein Held!

Aus Indien

Babys satisfactorily born!

Meldung an Präsident Truman nach dem Abwurf der ersten Atombombe

Die Anwendung des atomaren Kriegs ist nicht absolut unsittlich.

Jesuit Gundlach, Moraltheologe und wichtigster Berater Papst Pius XII., 1959

Für mich ist jede Tötung von Menschen gemeiner Mord, auch wenn es der Staat im Großen tut.

Albert Einstein, Über den Frieden

Als Mazarin über die sechstausend vor Freiburg gefallenen Soldaten weinte, tröstete ihn Ludwig, der zweite Condé: »Eine Pariser Nacht ersetzt alle.«

Aus Witze, Fabeln, Anekdoten von *Eberhard Puntsch*

Napoleon zu Marschall Berthier, der ihm 1809 die Konskriptionsliste vorlegte: »Ich habe also monatlich zehntausend Mann zum Verbrauchen.«

Aus Witze, Fabeln, Anekdoten von *Eberhard Puntsch*

Der Krieg zwischen zwei gebildeten Völkern ist ein Hochverrat an der Zivilisation.

Carmen Sylva

In solch einem Krieg ist es christlich und ein Werk der Liebe, die Feinde getrost zu würgen, zu rauben, zu brennen und alles zu tun, was schädlich ist, bis man sie überwinde. Ob es wohl nicht so scheint, dass Würgen und Rauben ein Werk der Liebe ist, weshalb ein Einfältiger denkt, es sei kein christliches Werk und zieme nicht einem Christen zu tun: So ist es doch in Wahrheit auch ein Werk der Liebe.

Martin Luther, über »Heilige Kriege«

Im Krieg ist die Wahrheit das erste Opfer.

Dorothée Sölle

Die Majorität hat gewöhnlich keine Neigung zum Kriege. Der Krieg wird durch Minoritäten oder in absoluten Staaten durch Beherrscher oder Kabinette entzündet.

Otto Graf von Bismarck, im Reichstag, 9.2.1876

Im nächsten Krieg werden die Überlebenden die Toten beneiden.

Nikita Chruschtschow

Abrüstungskonferenzen sind die Feuerwehrübungen der Brandstifter.

John Osborne

Krieg machen, weil sie den Krieg lieben? Nein! Die meisten Männer wollen nur ihren Frauen entfliehen, deren sie im höchsten Grade überdrüssig geworden sind. Bemerken sie nicht, dass in allen Armeen die meisten Kommandoposten mit Männern besetzt sind, die schon lange verheiratet sind, und die lieber an der Front sterben, als bei ihren Gattinnen zu bleiben. Besetzung feindlicher Länder und weite Feldzüge üben einen starken Anreiz aus durch die Möglichkeit neuer Liebesabenteuer. Wir finden übrigens eine Bestätigung meiner Behauptung in der Tatsache, dass die kriegerischsten Völker diejenigen sind, welche die strengsten Sitten und die hässlichsten Frauen haben!

Georges Krassovsky,
Aphorismen eines Don Juan

Abrüstung mit Frieden zu verwechseln ist ein schwerer Fehler.

Winston Churchill,
Zweiter Weltkrieg I

Sieg

Veni, vidi, vici.
Ich kam, sah, siegte.

Cäsar,
Ausspruch Cäsar, als er König Pharnaces bei Zela im Pontus schnell besiegt hatte

Jeder übermütige Sieger arbeitet an seinem Untergang.

Jeau deLa Fontaine,
Die beiden Hähne

Siege, aber triumphiere nicht.

Marie von Ebner-Eschenbach,
Aphorismen

Dummheit, seinen Feind vor dem Tode, und Niederträchtigkeit, nach dem Siege zu verkleinern.

Goethe,
Maximen und Reflexionen, Nachlass, Über Literatur und Leben

Der Sieger kann gut Frieden schließen.

Aus Deutschland

Der Sieg soll nie ohne Übung der Barmherzigkeit sein.

Kaiser Karl V.

Kluge Sieger essen Eier, dumme Sieger die Hühner.

Hans Kasper,
Nachrichten und Notizen

Es gibt nichts, was schlimmer ist als eine Niederlage – mit Ausnahme eines Sieges.

Herzog von Wellington

Eine stolz getragene Niederlage ist auch ein Sieg.

Marie von Ebner-Eschenbach

Frieden

Was wir Frieden nennen, ist meist nur ein Waffenstillstand, in dem der Schwächere so lange auf seine Ansprüche verzichtet, bis er eine Gelegenheit findet, sie mit Waffengewalt von neuem geltend zu machen.

Vauvenargues,
Nachgelassene Maximen

Es gibt keinen Weg zum Frieden, denn Frieden ist der Weg.

Mahatma Gandhi

Frieden auf Erden war immer dann, wenn die Vernünftigen Vergnügen an der Macht hatten.

Hans Kasper,
Expedition nach innen

Der Friede ist das
Meisterstück der Vernunft.

Immanuel Kant

Die Friedensliebe fängt damit an, dass man aufhört, von gerechten Kriegen zu sprechen.

Sigmund Graff

Wir brauchen den Friedensschluss der Staaten, und das nicht nur in Europa. Wir brauchen den Friedensschluss der Menschen untereinander, und wir brauchen den Friedensschluss der Menschen mit der Natur.

Hans-Dietrich Genscher,
Rede anlässlich des Tags der Deutschen Einheit am 3.10.1999 in Dresden

Nach unserer Überzeugung lassen sich große Feindschaften auf die Dauer nicht dadurch beilegen, dass man den Gegner nach einem siegreichen Kriege zur Annahme eines unbilligen Friedens zwingt, sondern weit eher dadurch, dass man ihn womöglich noch durch Edelmut besiegt und ihm günstigere Bedingungen gewährt, als er selbst erwartete.

Thukydides,
Peloponnesischer Krieg 4, 19

Der ewige Friede passt als Aufschrift über Kirchhofspforten; denn nur die Toten schlagen sich nicht mehr.

Gottfried Wilhelm von Leibniz

Der ewige Friede ist ein Traum, und nicht einmal ein schöner. Ohne den Krieg würde die Welt im Materialismus versumpfen.

Helmuth Graf von Moltke,
an Bluntschli, 11.12.1880

Friede ist die Fortsetzung des Krieges mit anderen Mitteln.

Oswald Spengler

Der ungerechteste Friede ist immer noch besser als der gerechteste Krieg.

Cicero

Pazifisten

Pazifisten sind wie Schafe, die glauben, der Wolf sei ein Vegetarier.

Ives Montand

Ich bin nicht nur Pazifist, ich bin militanter Pazifist. Ich bin bereit, für den Frieden zu kämpfen.

Albert Einstein,
Warum Krieg? Über den Frieden

Pazifist: ein Mann, der nicht vom Frieden sprechen kann, ohne seine Fäuste zu gebrauchen.

Verfasser unbekannt

Nirgendwo steht geschrieben, dass Pazifisten wehrlose Menschen sind.

Joschka Fischer,
auf dem Parteitag der Grünen in Kassel, 21.11.1999

XII. Kapitel

Deutschland

Als ein Volk der ungeheuerlichsten Mischung und Zusammenrührung von Rassen, vielleicht sogar mit einem Übergewicht des vorarischen Elements, als »Volk der Mitte« in jedem Verstande, sind die Deutschen unfassbarer, umfänglicher, widerspruchsvoller, unbekannter, unberechenbarer, überraschender, selbst erschrecklicher, als es andere Völker sich selbst sind: Sie entschlüpfen der Definition.

Friedrich Nietzsche,
Jenseits von Gut und Böse 8, 244

Und es mag am deutschen Wesen einmal noch die Welt genesen.

Emanuel Geibel,
Heroldsrufe, Deutschlands Beruf

Deutschland ist immer das Rätsel Europas, das nicht verstanden werden kann, solange Deutschland sich nicht selbst versteht.

Daniel Vernet

Dem Deutschen gerät das Lied gerne zum Marsch.

Reinhard Mey

Sie sind ernsthaft, sie sind tüchtig, sie arbeiten wie keine Nation auf der Welt, sie erreichen das Unglaubliche – aber es ist keine Freude, unter ihnen zu leben.

Hugo von Hofmannsthal

Selbst im Fall einer Revolution würden die Deutschen sich nur Steuerfreiheit, nie Gedankenfreiheit zu erkämpfen suchen.

Friedrich Hebbel,
Tagebücher, 1836

Die letzten anderthalb Jahrhunderte deutscher Geschichte lassen sich auf die Formel bringen: Von IG Cotta zu IG Farben.

Werner Bergengruen,
1950

Gott schuf den Menschen nach seinem Bilde, zu hohem Zweck im Reiche des Geistes. Die deutsche »Zivilisation« würde ihn als Dieselmotor neu schaffen: genau, akkurat, voller Kraft, aber ohne Raum für die Seelentätigkeit.

George Lloyd,
19.9.1914

Wenn der Deutsche hinfällt, dann steht er nicht auf, sondern er schaut, wer schadenersatzpflichtig ist.

Kurt Tucholsky

Deutschland ist das einzige Land, wo Mangel an politischer Befähigung den Weg zu den höchsten Ehrenämtern sichert. So wie gewisse Naturvölker Schwachsinnigen göttliche Ehren entgegenbringen, so verehren die Deutschen den politischen Schwachsinn und holen sich von dorther ihre Führer.

Carl von Ossietzky,
Der Zeit den Spiegel vorhalten

Deutsche Helden müsste die Welt, tollwütigen Hunden gleich, einfach totschlagen.

Joschka Fischer,
in der Frankfurter Linkspostille Pflasterstrand, 1982 zitiert in Nation & Europa, Mai 1999, S. 7

Es ist eine bedauerliche Leichtigkeit, mit der sich der Deutsche, im Osten und Westen, von seiner Nationalität lossagt.

Otto Graf von Bismarck

Wir sind viel zu höflich, um vor ansehnlichen Leuten ein Ich zu haben. Ein Deutscher ist mit Vergnügen alles, nur nicht er selber.

Jean Paul

Niemand in Europa schließt mehr Versicherungen ab, niemand fürchtet das Unvorhergesehene mehr als die Deutschen.

Brigitte Sauzay

Der Gipfel aber unseres Triumphs ist es, wenn man uns gar nicht mehr für Deutsche, sondern etwa für Spanier oder Engländer hält, je nachdem nun einer von diesen gerade am meisten in Mode ist.

Johann Gottlieb Fichte,
Reden an die deutsche Nation 5

Deutsche verwechseln leicht Freiheitsspielräume mit Gesetzeslücken.

Manfred Rommel

Die Deutschen erleben die Freiheit immer nur am Tag ihrer Beerdigung.

Karl Marx

Das Hauptproblem in Deutschland ist, dass außer der Sexualität kein Thema tabufrei diskutiert werden kann.

Arnulf Baring

Wäre die deutsche Politik ein Auto, ich fürchte, sie käme schon seit Jahren nicht mehr durch den TÜV.

Manfred Rommel

Könnte man nur den deutschen, nach dem Vorbilde der Engländer, weniger Philosophie und mehr Tatkraft, weniger Theorie und mehr Praxis beibringen, so würde uns schon ein gutes Stück Erlösung zuteil werden.

Goethe,
zu Eckermann, 12.3.1828

Die Deutschen arbeiten an ihrer Nationalität, kommen aber damit zu spät. Wenn sie dieselbe fertig haben, wird das Nationalitätswesen in der Welt aufgehört haben, und sie werden auch ihre Nationalität gleich wieder aufgeben müssen, ohne, wie Franzosen oder Briten, Nutzen davon gezogen zu haben.

Heinrich Heine,
Aphorismen und Fragmente

Das deutsche Volk verdient es, mit weniger Gerissenheit und mehr Liebe regiert zu werden.

Willy Brandt

Deutschland ist das Land der wunderbaren Aufstiege und apokalyptischen Katastrophen.

Pierre Gaxotte

Uns Deutschen geht es um die Sache! Wir können keine Zeit damit verschwenden, auch noch zu eruieren, um was für eine Sache es sich jeweils handelt.

Hans Kasper,
Abel, gib acht; Unsereins

Wiss't, dass man zwölf Parteien find't, wo nur ein Dutzend Deutsche sind, und wenn sie sich erst unterhalten, dann wollen sie sich auch noch spalten.

Daniel Sanders,
366 Sprüche, 111

Es liegt ohne Zweifel etwas in unserem Nationalcharakter, was der Vereinigung Deutschlands widerstrebt. Wir hätten die Einheit sonst nicht verloren oder sie bald wieder gewonnen.

Otto Graf von Bismarck,
3.3.1867

Deutschland, wo die Kräftigen ohne Geist und die Geistigen ohne Kraft sind.

Franz Grillparzer,
Zur Zeitgeschichte 1841

Da es der Charakter unserer Landleute ist, das Gute ohne viel Prunk zu tun und zu leisten, so denken sie selten daran, dass es auch eine Art gebe, das Rechte mit Zierlichkeit und Anmut zu tun.

Goethe,
Wilhelm Meisters Lehrjahre II, 7

Dieses Bündel von mächtigen, aber ungeordneten Instinkten! Diese geborenen Künstler ohne Geschmack!

Charles de Gaulle

Die ganze Entwicklung der radikalen Verhältnisse in Deutschland, das, was man im Ausland Nationalismus nennt, hat seine tiefsten Wurzeln in der Politik, die Deutschland gegenüber getrieben worden ist.

Gustav Stresemann

Die Deutschen sind im Durchschnitt rechtliche, biedere Menschen, aber von Originalität, Erfindung, Charakter, Einheit und Ausführung eines Kunstwerks haben sie nicht den mindesten Begriff. Das heißt mit einem Worte: Sie haben keinen Geschmack.

Goethe,
an Johann Friedrich Reichardt, 28.2.1790

Die Neigung, sich für fremde Nationalitäten und Nationalbestrebungen zu begeistern, auch dann, wenn dieselben nur auf Kosten des eigenen Vaterlandes verwirklicht werden können, ist eine politische Krankheitsform, deren geografische Verbreitung sich leider auf Deutschland beschränkt.

Otto Graf von Bismarck,
zitiert in Dr. Max Wahl, Notizen, (22), 24.3.2000

Juden und Deutsche haben vieles gemeinsam. Sie sind strebsam, tüchtig, fleißig und gründlich verhasst bei den anderen. Juden und Deutsche sind Ausgestoßene.

Franz Kafka

Weil die Deutschen eine Scheu davor haben, sich selbst zu regieren, versuchen sie, ein europaweites System zu schaffen, in dem sich keine Nation mehr selbst regiert.

Margaret Thatcher

Ich bekenne mich tief überzeugt, dass das deutsche Volk die politische Demokratie niemals wird lieben können, aus dem einfachen Grunde, weil es die Politik selbst nicht lieben kann, und dass der viel verschriebene »Obrigkeitsstaat« die dem deutschen Volk angemessene, zukömmliche und von ihm im Grunde gewollte Staatsform ist.

Thomas Mann,
Betrachtungen eines Unpolitischen

Und wenn wir deutschen Gott und sonst nichts in der Welt fürchten, so respektieren wir selbst ihn nicht um seiner Persönlichkeit willen, sondern wegen des Geräusches seiner Donner.

Karl Kraus

Die Welt weiß alles, was die Deutschen getan haben, die Welt weiß nichts von dem, was den Deutschen angetan wurde.

Patrik Buchanan

Keine Nation fühlt so sehr als die deutsche den Wert von anderen Nationen und wird, leider, von den meisten wenig geachtet, eben wegen dieser Biegsamkeit. Mich dünkt, die anderen Nationen haben Recht: Eine Nation, die allen gefallen will, verdient, von allen verachtet zu werden.

Georg Christoph Lichtenberg,
Aphorismen

Den Deutschen ist ein Schuldgefühl aufgezwungen worden und zu Unrecht auferlegt.

Ronald Reagan,
Bitburger Soldatenfriedhof, 1985

Die Entwicklung Deutschlands wird nicht nach rechts, sondern nach links gehen, je mehr die Zahl der abhängigen Existenzen zunimmt und je mehr auf der rechten der Einfluss der Arbeitgeber der ausschlaggebende ist, denen man im Volk selbst dann nicht viel glaubt, wenn sie Recht haben.

Gustav Stresemann

Man hat die Deutschen entweder an der Gurgel oder zu Füßen.

Winston Churchill

Deutschland ist eine anatomische Merkwürdigkeit: Es schreibt mit der Linken und tut mit der Rechten.

Kurt Tucholsky

Deutschlands Schicksal: vor dem Schalter zu stehen. Deutschlands Ideal: hinter dem Schalter zu sitzen.

Kurt Tucholsky

Die Deutschen sind tatenarm und gedankenvoll.

Friedrich Hölderlin

Es gehört zum deutschen Bedürfnis, beim Biere von der Regierung schlecht zu reden.

Otto Graf von Bismarck,
3.3.1867

Gutmütig und tückisch – ein solches Nebeneinander, widersinnig in Bezug auf jedes andere Volk, rechtfertigt sich leider zu oft in Deutschland: Man lebe nur eine Zeit lang unter Schwaben!

Friedrich Nietzsche,
Jenseits von Gut und Böse 8, 244

Das ist der große Vorwurf an die Deutschen: dass sie trotz ihrer Intelligenz und trotz ihres Mutes immer die Macht anhimmeln.

Winston Churchill

Deutschland ist nichts, aber jeder einzelne Deutsche ist viel, und doch bilden sich Letztere gerade das Umgekehrte ein. Verpflanzt und zerstreut wie die Juden in alle Welt müssen die Deutschen werden, um die Masse des Guten ganz und zum Heile aller Nationen zu entwickeln, die in ihnen liegt.

Goethe,
zu Friedrich von Müller, 14.12.1808

In Deutschland kann es keine Revolution geben, denn dazu müsste man den Rasen betreten.

Joseph W. Stalin

Deutschland ist umstellt von Denkverboten.

Alice Schwarzer

Die deutsche Form der Revolution ist die Denunziation.

Gottfried Benn

Viele Deutsche glauben sich jetzt dadurch patriotisch zu zeigen, dass sie Deutschland als Spucknapf gebrauchen, wenn sie in der Fremde sind.

Christian Friedrich Hebbel,
Tagebücher, 21.3.1845

Wiedervereinigung

Ein wieder vereinigtes Deutschland wäre für unsere Nachbarn nicht akzeptabel. Das Wiedervereinigungsgebot im Grundgesetz wäre in seiner Konsequenz ein Unglück für das deutsche Volk. Ich kann mir nicht vorstellen, welche Vorteile die Deutschen aus einer Wiedervereinigung hätten.

Joschka Fischer,
am 27.7.1989 im »Bunte«-Interview

Zusätzlich unterminiert das Wiedervereinigungsgetöne alle Ansätze einer vernünftigen deutsch-deutschen Politik.

Hans Eichel,
»Wir in Hessen«, November 1989

Wir sollten das Wiedervereinigungsgebot aus der Präambel des Grundgesetzes streichen.

Joschka Fischer, 27.7.1989

Die Hoffnung auf Wiedervereinigung wurde geradezu zur Lebenslüge der zweiten deutschen Republik.

Willy Brandt,
Frankfurter Rundschau, 15.9.1988

Nach vierzig Jahren Bundesrepublik sollte man eine neue Generation in Deutschland nicht über die Chancen einer Wiedervereinigung belügen. Es gibt sie nicht. Und es gibt wichtigere Fragen der deutschen Politik in Europa.

Gerhard Schröder,
»Bild«, 12.6.1989

Wiedervereinigung wäre eine Rückkehr zum Alten. Jetzt wird aber ein Zukunftsmodell gebraucht.

Johannes Rau,
Süddeutsche Zeitung, 30.11.1989

Am 9. November 1989 um 20.30 Uhr erfahren die Abgeordneten des Bonner Bundestags, dass die Mauer geöffnet ist. Die Volksvertreter erheben sich und stimmen spontan die Nationalhymne an. Nur die Grünen bleiben sitzen.

»Berliner Illustrierte«

Zur Lebenswelt der Ostdeutschen gehören Abwicklung, westliche Überheblichkeit, Ausnutzung ostdeutscher Unterwürfigkeit bis zur kriminellen Beutelschneiderei.

Gregor Gysi,
1991

Arbeiten wie bei Honecker und leben wie bei Kohl geht nicht.

Otto Graf Lambsdorff

Für die Beurteilung des Unrechtsstaates DDR müsste doch die Überlegung reichen, dass der Versuch, von Warnemünde nach Travemünde umzuziehen, mit dem Tod bestraft wurde.

Henry M. Broder

Berlin

Deutschland ist schlecht beraten, auf eine Hauptstadt als Motor der Entwicklung zu verzichten. Wir wollen aber keine Hauptstadt, die dem Gedanken des Föderalismus widerspricht, sondern eine, die ihn ergänzt.

Gregor Gysi,
Süddeutsche Zeitung, 22.8.2001

Wer Berlin zur neuen Hauptstadt macht, schafft geistig ein neues Preußen.

Konrad Adenauer

Es gibt keinen besseren Ort für einen solchen Neuanfang als Berlin. Dort müssen die demokratischen und sozialen Traditionen der »Bonner Republik« mit der Zivilcourage der Menschen aus der friedlichen Revolution in der DDR verbunden werden.

Gerhard Schröder,
Wahlkampfauftakt in Berlin, 22.8.1998

Der Berliner Zentralismus hat uns Deutschen nicht wohl getan. Er darf nicht wiederkommen.

Carlo Schmid,
Rede in Reutlingen, 10.2.1946

Es lebt aber, wie ich an allem merke, in Berlin ein so verwegener Menschenschlag beisammen, dass man mit der Delikatesse nicht weit reicht, sondern dass man Haare auf den Zähnen haben und mitunter etwas grob sein muss, um sich über Wasser zu halten.

Goethe,
zu Eckermann, 4.12.1823

Wenn wir eine europäische Metropole werden wollen, müssen wir begreifen, dass jeder nationale Dünkel zur Provinzialität führt.

Gregor Gysi,
Süddeutsche Zeitung, 22.8.2001

Die Stadt ist so pleite, dass man sie jetzt auch uns anvertrauen kann.

Gregor Gysi,
über Berlin

Europäische Länder

Bei den regierenden Klassen Englands kann man jede politische Reform durchsetzen, wenn sie so ausgeführt wird, dass alles beim Alten bleibt.

George Bernard Shaw,
1919

Das englische Zweiparteiensystem: Es ist wie eine Sanduhr. Wenn die obere Hälfte ausgelaufen ist, drehen wir sie einfach um.

Douglas Jerold

Für Großbritannien ist der Ärmelkanal immer noch breiter als der Atlantik.

Jaques Baumel

Der Engländer verehrt das Gesetz und weist die Autorität mit Verachtung zurück. Der Franzose hingegen verehrt die Autorität und verachtet das Gesetz.

Chamfort,
Maximen VIII

Man kann nicht behaupten, das englische Volk sei sehr intelligent. Nicht, dass es ihm überhaupt an Intelligenz mangelt, nein, aber es besitzt sie auch nicht im Übermaß. Es besitzt davon gerade so viel, wie zum Leben notwendig ist.

José Ortega y Gasset

Kein Volk ist im privaten Leben so wahrheitsliebend wie das englische. Keines aber bedient sich im öffentlichen Leben so bewusst oder doch mit so instinktiver Sicherheit der Lüge.

Karl Scheffler,
Zeit und Stunde

In London verlangt man sogar von Politikern, dass sie moralisch sind. Die Folgen sind verheerend: Einer nach dem anderen verschwindet in der Versenkung.

Oscar Wilde

Das Problem der englischen Wirtschaft liegt darin, dass man viele Engländer nach der Teepause neu zur Arbeit anlernen muss.

David Frost

Frankreich marschiert an der Spitze der Zivilisation.

Guillaume Guizot,
Geschichte der Zivilisation in Europa

In Frankreich gibt es nur Paris und die entfernten Provinzen, weil Paris noch nicht Zeit gehabt hat, sie zu verschlingen.

Montesquieu,
Brief, 1740

In Frankreich genießen die Sterne der Küchenchefs mehr Respekt als die der Generäle.

Paul Bocuse

Es ist ein Unglück, dass Frankreich politisch zum Vorbild werden konnte, das in seiner Geschichte niemals mit dem Problem des Aufbaus einer einigermaßen gesunden Gesellschaft fertig geworden ist und bis zum heutigen Tage daran laboriert.

Wilhelm Röpke,
Gesellschaftskrisis 1, 76

Im Gegensatz zum Deutschen hat der Franzose nicht die Sucht, sein Denken um jeden Preis mit der Wirklichkeit zur Deckung zu bringen.

Armin Mohler

Die Franzosen haben Verstand und Geist, aber kein Fundament und keine Pietät. Was ihnen im Augenblick dient, was ihrer Partei zugute kommen kann, ist ihnen das Rechte. Sie loben uns daher auch nie aus Anerkennung unserer Verdienste, sondern nur, wenn sie durch unsere Ansichten ihre Partei verstärken können.

Goethe,
zu Eckermann, 24.11.1824

Es ist schwer, ein Volk zu regieren, das zweihundertsechsundvierzig Sorten Käse hat.

Charles de Gaulle

Die Bestimmung Frankreichs ist, der Welt lästig zu fallen.

Jean Giraudoux

Es ist ein gutes Volk, in seiner Liebe rasch lodernd wie in seinem Zorn. (Karl)

Schiller,
Die Jungfrau von Orléans III, 2

In Italien funktionieren nur drei Institutionen: der Vatikan, die Mafia und die Scala in Mailand.

Franco Zefirelli

Italien lebt prächtig davon, kein Verhältnis zur Wirklichkeit haben zu wollen.

Rudolf Augstein

Die Männer lenken das Land, doch die Frauen lenken die Männer. In Italien herrscht das geheime Mutterrecht.

Luigi Barzini

Der Italiener hat überhaupt ein tieferes Gefühl für die hohe Würde der Kunst als andere Nationen. Jeder, der nur irgendetwas treibt, will Künstler, Meister und Professor heißen.

Goethe,
Wilhelm Meisters Lehrjahre VIII, 7

Kriege mögen andere führen, du glückliches Österreich, heirate, denn dir gibt Venus Reiche, die anderen Mars schenkt.

König Matthias I. Corvinus

Österreich ist eine kleine Welt,
in der die große ihre Probe hält.

Marie von Ebner-Eschenbach

Die Parzen weben anderswo.
Du, Österreich, hast Grillen.

Friedrich Torberg

In Österreich resigniert man schon so lange und so erfolgreich, dass daraus Zerfallsenergie entsteht.

Erich Sokol

Die Deutschen wollen die Welt verbessern. Die Österreicher begnügen sich damit, sie mies zu machen.

Ernst Stankowski

Die österreichische Mentalität ist: Wir brauchen Reformen, aber nichts darf sich ändern.

Viktor Klima

Wir Wiener blicken vertrauensvoll in unsere Vergangenheit.

Karl Farkas

Wenn die Österreicher von uns Reparationen verlangen sollten, dann werde ich ihnen die Gebeine Adolf Hitlers schicken.

Konrad Adenauer

Griechenland braucht keine Archäologen – es braucht Forstmeister. Ein grünes Griechenland könnte einer Welt, die jetzt vom Rost zerfressen wird, wieder Hoffnung verleihen.

Henry Miller,
Der Koloss von Maroussi

Die Amerikaner halten die Freiheit für ihre Erfindung. Sie haben schon Friedencorpseinheiten nach Athen geschickt, um den Griechen die Bedeutung des Wortes Demokratie beizubringen.

Peter Ustinov

Meiner Meinung nach ist Gott ein Pole, denn er hat die Schöpfung ein bisschen verpfuscht.

Andrzej Szczypiorski

Polnischer Fluch: dass dich die Deutschen besetzen mögen und die Russen befreien!

Aus Polen

Wenn Sie einen Schweizer Bankier aus dem Fenster springen sehen, springen Sie hinterher. Es gibt bestimmt etwas zu verdienen.

Voltaire

In Spanien ist ein Rebell ein Heiliger, in Deutschland ein Störenfried.

Wolf Vostell

Als Schweizer geboren zu werden ist ein großes Glück. Es ist auch schön, als Schweizer zu sterben. Doch was tut man dazwischen?

Alexander Roda Roda

Afrika fängt bei den Pyrenäen an.

Aus Spanien

Stolz ist der vorherrschende Charakterzug der Spanier. Selbst in ihrer Leidenschaft für Gold liegt mehr Stolz als Habsucht.

Joseph Joubert,
Gedanken und Maximen

Europa

Viel hat der europäische Genius erfunden und der Welt gegeben; Böses und Gutes, solche Dinge zumeist, die zugleich gut und böse waren. Darunter den Staat; darunter die Nation.

Golo Mann,
Deutsche Geschichte
des 19. und 20. Jahrhunderts

Wir hatten ein wildes Europa, ein barbarisches Europa, ein heidnisches und ein christliches. Wir werden auch noch ein vernünftiges Europa bekommen.

Karl Julius Weber,
Demokritos IV, 4 (1832)

Einzig der Entschluss, aus den Völkergruppen des Erdteils eine große Nation zu errichten, könnte den Puls Europas wieder befeuern.

José Ortega y Gasset

Ich bin für ein Europa der Völker und nicht der Regierungen.

Gregor Gysi,
Welches Europa wollen wir?
Antwort auf eine Umfrage der ZEIT
am 19.6.1992

Europa hat im Zeitalter der Globalisierung viel zu geben. In seiner neuen Kultur des Zusammenlebens kann es Vorbild sein für andere Weltregionen. Es kann einen unverwechselbaren Beitrag leisten zu einer Weltordnung, die auf Kooperation und nicht mehr auf Konfrontation, auch nicht der ökonomischen, beruht.

Hans-Dietrich Genscher,
Rede im Deutschen Bundestag

Wir wollen ein europäisches Deutschland und nicht ein deutsches Europa.

Thomas Mann,
Rede an die deutsche Jugend, 1953

Verschmilzt die Wirtschaft Europas zur Gemeinschaft, und das wird früher geschehen, als wir denken, so verschmilzt auch die Politik.

Walther Rathenau

Der viel missbrauchte Begriff »europäische Interessen« wird uns nicht verleiten dürfen, der deutschen Nation zuzumuten, dass sie ihre Politik nach anderen als nach deutschen Interessen regelt.

Otto Graf von Bismarck

Erst das Bewusstsein unserer gemeinsamen Werte und erst die kulturelle Dimension Europas geben unserem Kontinent und unserer Gemeinschaft die Identität. Nur als Markt würden wir nicht in der Lage sein, Stabilitätspfeiler einer neuen multipolaren Weltordnung zu sein.

Hans-Dietrich Genscher,
Rede im Deutschen Bundestag,
Sitzung vom 23.4.1998

Frankreich erhofft sich durch Europa seine Wiedergeburt, Deutschland seine Erlösung.

Zbigniew Brzezinski,
Die einzige Weltmacht

Europa ist heute nur dem Namen nach christlich. In Wirklichkeit betet es den Mammon an.

Mahatma Gandhi

Die europäischen Nationen haben eine gemeinschaftliche Sprache in den – Zahlen.

Jean Paul

Zwischenstaatlich organisiert sind in Europa nur das Verbrechen und der Kapitalismus.

Kurt Tucholsky

Im neuen Europa brauchen wir eine neue Wirtschaftsethik, die Umweltbewusstsein, soziales Engagement und langfristiges Denken an erster und nicht an letzter Stelle setzt.

Charles Prince von Wales

Deutschland versteht sein glühendes Eintreten für Europa als historische Reinigung, als Wiederherstellung seiner moralischen und politischen Reputation.

Zbigniew Brzezinski,
Die einzige Weltmacht

Frankreich ist das Modeland, England das Land der Launen, Spanien das Ahnenland, Italien das Prachtland und Deutschland das Titelland.

Immanuel Kant

Die Europäische Union ist eine Werte- und keine Religionsgemeinschaft.

Joschka Fischer

Und wer franzet oder britet,
italienert oder teutschet,
einer will nur wie der andre,
was die Eigenliebe heischet.

Goethe,
Divan, Buch des Unmuts

In Straßburg realisiert sich Europa in allen Widersprüchen: miteinander zu reden, ohne sich zu verstehen.

Daniel Cohn-Bendit

Schon der gesunde Menschenverstand sagt uns, dass wir im Verband eines größeren Ganzen günstiger abschneiden als in der Enge einer Kirchturmpolitik. Ja, wir sind der Meinung, dass im Zeitalter der Weltwirtschaft früher oder später auch die starren politischen Schranken zwischen den Ländern gleicher Kultur fallen müssten.

Alfons Goppel,
Münchener Universität, 26.2.1946

Italien ist, im guten und im schlechten Sinn des Wortes und des Inhalts, eine große und bunte Theaterbühne, auf der sich die vielen Tragödien in sarkastische oder humorvolle Komödien verwandeln. In Deutschland dagegen radikalisiert sich jedes Geschehen sofort bis zum Drama oder sogar bis zum Psychodrama, wo sich die Hysterie zu Hause fühlt.

Luigi Vittorio Graf Ferraris,
Wenn schon, denn schon – aber ohne Hysterie. An meine deutschen Freunde

Die Einigung Europas mit den bisherigen Methoden gleicht dem Versuch, ein Omelett zu backen, ohne die Eier zu zerschlagen.

Paul Lacroix

Nur durch den schnellen Zusammenschluss in einen einzigen großen Staat kann Europa seine Kriege und Wirtschaftskämpfe beenden, die es zu vernichten drohen.

Benjamin Franklin,
1787

In Brüssel sitzen doch nur Versager. Alles gescheiterte Existenzen, die von ihren Regierungen verjagt wurden. Das ist der größte Nietenverein Europas.

Franz Beckenbauer

Afrika

Als die ersten Missionare nach Afrika kamen, besaßen sie die Bibel und wir das Land. Sie forderten uns auf zu beten. Und wir schlossen die Augen. Als wir sie wieder öffneten, war die Lage genau umgekehrt. Wir hatten die Bibel und sie das Land.

Desmond Tutu

Wir setzen uns für die Befreiung der Schwarzen ein, und damit setzen wir uns auch für die Befreiung der Weißen ein. Sie werden niemals frei sein, solange wir Schwarze nicht frei sind.

Desmond Tutu,
Und Sie? Was tun Sie? 1985

Es steht uns nicht frei, den Völkern Afrikas Wohltaten zu erweisen oder nicht zu erweisen. Es ist unsere Pflicht. Alles, was wir ihnen geben, ist keine Wohltat, sondern eine Sühne.

Albert Schweitzer

China

Von den Chinesen können wir derzeit viel lernen. Sie haben für Krise und Chance dasselbe Schriftzeichen.

Richard von Weizsäcker

Wir Jüngeren glauben nicht an Gott, nicht an die Partei, nicht an Mao Tse-tung. Wir glauben an uns selbst.

Wei Hui,
Süddeutsche Zeitung, Magazin, Nr. 32

Jimmy Carter im Gespräch mit Deng Xiao Ping über Menschenrechtsfragen: Wann die Chinesen endlich frei ausreisen dürften. Deng Xiao Ping überlegte einen Moment und sagte: »Wie viel wollen Sie denn – zweihundert oder dreihundert Millionen Chinesen?« Carter überlegte einen Moment und sagte: »Ach, wissen Sie, lassen Sie es doch, wie es ist.«

Aus »Einspruch« von *Gregor Gysi*

Persien

Persien wird ein Make-up aufgetragen, das nicht nur die eigenen Züge entstellt, sondern auch zur Retuschierung der von fremder Hand beigebrachten Narben dienen soll.

Bahman Nirumand,
Die Saat der Gewalt, 1967

Der Einbruch europäischer Zivilisation wirkte wie eine Sprengladung im Bewusstsein der Bevölkerung. Das verletzte Bewusstsein aber verlangt nach Heilung. Sie wird ihm geliefert: als Ware.

Bahman Nirumand,
Die Saat der Gewalt, 1967

Russland

Russland ist ein Rätsel innerhalb eines Geheimnisses, umgeben von einem Mysterium.

Winston Churchill

In Russland besteht der Despotismus noch, weil er das Wesentliche meiner Regierung ist, aber er steht im Einklang mit der Volksgunst.

Zar Nikolaus I., zu Astolphe de Custine, La Russie en 1839, 13. Brief

Was dem russischen Imperialismus noch fehlt, ist die Rückkehr zur Orthodoxie. Nichts deckt Korruptheit besser zu als öffentliches Beten.

Heinrich Böll,
Wer demonstriert in Port-au-Prince?
1982

Russland strebt nicht danach, der Mittelpunkt eines neuen Reiches zu werden. Besser als andere weiß Russland um die Schädlichkeit einer solchen Rolle, weil es diese Rolle ja lange Zeit gespielt hat. Was hatte es davon? Sind die Russen etwa dadurch freiere Menschen geworden? Wohlhabender? Glücklicher? Die Geschichte hat uns gelehrt, dass einem Volk, das über andere herrscht, kein Glück beschieden sein kann.

Boris Jelzin,
Rede am 19.12.1990 in Kiew

Der politische Gehorsam ist für die Russen ein Kultus, eine Religion geworden. Nur in diesem Lande, wenigstens glaube ich es, hat man die Märtyrer ihre Henker fast anbeten sehen.

Astolphe de Custine,
La Russie en 1839

Wir Großrussen haben uns immer roh gegen unterworfene Völker benommen. Das Einzige, was wir gekonnt haben, war, sie zu unterdrücken.

Wladimir Iljitsch Lenin

Das russische Reich ist kein Land, das man förmlich erobern, das heißt besetzt halten kann, wenigstens nicht mit den Kräften jetziger europäischer Staaten. Ein solches Land kann nur bezwungen werden durch eigene Schwäche und durch die Wirkungen des inneren Zwiespalts.

Karl von Clausewitz,
Vom Kriege VIII, 9

Der Unterschied zwischen den USA und Russland ist doch der: Egal ob Al Gore oder George Bush junior neuer US-Präsident wird – für General Motors oder die First Boston Bank wird sich nichts ändern. In Russland ist es anders: Wenn ein Luschkow Präsident wird, hören viele Firmen auf zu existieren. Hier kann der Präsident einfach ein Papier unterzeichnen, das eine Reihe von Firmen zerstört – oder aber ihnen phantastische Profite verschafft.

Boris Beresowskij,
Interview in der Süddeutsche Zeitung
vom 3. 10.1999

Wir wissen jetzt, dass wir keine Europäer sein können, dass wir nicht imstande sind, uns in eine der westlichen Lebensformen zu pressen, die Europa aus seinen eigenen nationalen Prinzipien heraus geschaffen und erlebt hat, Prinzipien, die uns fremd und zuwider sind.

Fjodor Michaijlowitsch Dostojewski,
Ankündigung seiner Zeitschrift
»Wremia«, 1860

Russland wird nur durch Russland überwunden. (König)

Schiller,
Demetrius I

Das russische Volk ist von allen zivilisierten Völkern dasjenige, bei welchem das Rechtsgefühl am schwächsten und unklarsten ist.

Astolphe de Custine,
La Russie en 1839, Anhang

Da Russland seiner inneren Wesensart nach der europäischen Welt fremd ist, da es zudem allzu stark und mächtig ist, um den Platz eines der Mitglieder der europäischen Familie einzunehmen, um eine von den europäischen Großmächten zu sein, vermag es nicht anders eine seiner und des Slawentums würdige Stellung in der Geschichte einzunehmen, als indem es zum Haupte eines besonderen, selbstständigen politischen Staatensystems wird und Europa in seiner ganzen Gemeinschaft und Ganzheit zum Gegengewicht dient.

Danilewski,
Russland und Europa, 1871

USA

Amerika – die Entwicklung von der Barbarei zur Dekadenz ohne Umweg über die Kultur.

George Clemenceau

In Amerika ist nämlich Gott mit denen, die das Talent und das Format haben, andere zu amüsieren, gleichgültig, ob sie das nun als Prediger, Sportler, Unternehmer, Politiker, Lehrer oder Journalisten tun.

Neil Postman,
Wir amüsieren uns zu Tode

In Amerika ist das Prinzip der Volkssouveränität weder versteckt noch abgestorben wie bei manchen anderen Nationen; es wird durch die Sitten bestätigt, durch die Gesetze verkündet; es breitet sich in aller Freiheit aus und erreicht widerspruchslos seine letzten Konsequenzen.

Alexis Graf von Tocqueville,
Auswahl aus Werken und Briefen

In den Vereinigten Staaten übernimmt die Mehrheit die Aufgabe, den Einzelnen eine Menge fertiger Meinungen vorzusetzen, und enthebt sie damit der Verpflichtung, sich selbst ihre eigene zu bilden. So gibt es in philosophischen, sittlichen oder politischen Fragen eine große Zahl von Theorien, die jeder im Vertrauen auf die Öffentlichkeit unbesehen übernimmt; und wenn man sehr genau hinsieht, wird man feststellen, dass sogar die Religion dort sehr viel weniger als offenbarte Lehre denn als allgemeine Meinung herrscht.

Alexis Graf von Tocqueville,
Auswahl aus Werken und Briefen

In jedem Amerikaner, selbst wenn er alle Klugheiten mit dem Löffel gegessen und alle Dünkel der Welt durchschaut hätte, steckt irgendwo die Provinz.

Witold Gombrowicz,
Aus dem Tagebuch

Die Außenpolitik Amerikas ist in der Vergangenheit zumeist in psychiatrischen oder aber in theologischen Begriffen formuliert worden – entweder als Mittel, um die Beziehungen zwischen den Völkern so zu regeln, als handle es sich um Beziehungen zwischen Individuen; oder, wenn dies nicht möglich war, als Kreuzzug, darauf angelegt, die Gegner zu vernichten oder, besser noch, zu der amerikanischen Auffassung von internationaler Politik zu bekehren.

Henry Kissinger,
Amerika bleibt Führungsmacht

Wir sind auf dem Weg zu einem Amerika, in dem das Unternehmen alles und der Einzelne nichts ist.

Arthur Miller,
Süddeutsche Zeitung, Magazin, 3.8.2001

Amerika hat noch nie gelitten. Man täuscht sich, wenn man ihm schon die hohe Fähigkeit des Herrschens zubilligen möchte.

José Ortega y Gasset,
Der Aufstand der Massen

Der Amerikaner befasst sich mit seinen Privatinteressen, als wäre er ganz allein auf der Welt, und schon im nächsten Augenblick wendet er sich den öffentlichen Angelegenheiten zu, als habe er jene vergessen. Bald scheint ihn die selbstsüchtigste Habgier, bald der glühendste Patriotismus zu erfüllen.

Alexis Graf von Tocqueville,
Auswahl aus Werken und Briefen

Wer ein amerikanisches Publikum für sich gewinnen will, auch als Politiker, muss es vor allem zum Lachen bringen.

Bob Hope

Ein Amerikaner hat mit vierzig Jahren in der Regel weit mehr als eine Million Werbespots im Fernsehen gesehen und muss noch fast eine weitere Million hinter sich bringen, bevor der erste Scheck der Sozialversicherung bei ihm eintrifft. Wir dürfen daher mit Gründen annehmen, dass die Fernsehwerbung die Denkgewohnheiten der Amerikaner nachhaltig geprägt hat.

Neil Postman,
Wir amüsieren uns zu Tode

Gewaltlosigkeit ist die Antwort des Negers auf seine Not. Sie wird vielleicht auch die Antwort auf die verzweifelte Not der Menschheit sein.

Martin Luther King

Die Fortdauer der amerikanischen Vorherrschaft ist sowohl für das Wohlergehen und die Sicherheit der Amerikaner als auch für die Zukunft von Freiheit, Demokratie, freier Marktwirtschaft und internationaler Ordnung in der Welt von zentraler Bedeutung.

Samuel P. Huntington,
Why International Primary Matters

Es ist ein großer Schock, wenn man im Alter von fünf oder sechs Jahren feststellt, in einer Welt Gary Coopers der Indianer zu sein.

James Baldwin

George ist kein Dummkopf – aber vielleicht hat er sich einen Tick zu spät entwickelt.

Barbara Bush, ehemalige First Lady der Vereinigten Staaten, über ihren Sohn George W. Bush

Die Konzentration hegemonialer Macht in den Händen eines einzigen Staates wird, auf die Dauer gesehen, immer weniger in die weltpolitische Landschaft passen. Daher ist Amerika nicht nur die erste und die einzige echte Supermacht, sondern wahrscheinlich auch die letzte.

Zbigniew Brzezinski,
Die einzige Weltmacht

Die New Yorker Industrie berät nicht die Gesetzgeber, sondern kontrolliert sie.

Betty Furness,
bei der Bekanntgabe ihres Rücktritts

In Amerika ist es völlig normal, jemanden, der sterbend auf der Straße liegt, mit den Worten zu begrüßen: Du siehst toll aus!

Isabel Allende,
Süddeutsche Zeitung, Magazin

In Amerika sind die Aussichten für eine Revolution ungefähr so groß wie für eine Ausbreitung des Buddhismus.

Henry Miller,
Land der Erinnerung

Langsam, aber unverkennbar erliegen wir dem Hochmut der Macht.

James William Fullbright

Sollen wir etwa alle nur Diener und Knechte der USA sein und ihnen dafür auch noch danken?

Michail Gorbatschow, Rede bei einer Osteuropakonferenz in Bern

Die gefährlichsten Männer der Welt leben heute nicht in Russland, auch nicht in China, sondern in unserem Pentagon.

Wayne Morse

UNO

Die UNO wurde nicht gegründet, um uns den Himmel zu bringen, sondern um uns vor der Hölle zu bewahren.

Winston Churchill

Dritte Welt

Unsere Niederlage war seit jeher ein untrennbarer Bestandteil des fremden Sieges; unser Reichtum hat immer unsere Armut hervorgebracht und dazu gedient, den Wohlstand anderer zu nähren: den der Imperien und ihrer einheimischen Aufseher. Durch die koloniale und neokoloniale Alchimie verwandeln sich das Gold in Alteisen und die Nahrungsmittel in Gift.

Eduardo Galeano

Seit 1981 sterben jährlich zwischen fünfzehn und zwanzig Millionen Menschen, weil die Regierungen der Dritten Welt, um die Schulden zu bedienen, ihre Programme für Trinkwasser und das Gesundheitswesen kürzen müssen. Das internationale Finanzsystem tötet jährlich mehr Menschen als der Zweite Weltkrieg.

Ken Livingston

Für manches unterentwickelte Land ist das Geschenk der völligen Unabhängigkeit so sinnvoll wie ein Rasiermesser in der Hand eines Kindes.

Lord Beaverbrook

Entwicklungshilfe

Als Erstes sollten wir die Länder mit uns freundlich gesinnten antikommunistischen Regierungen herausnehmen, die bereits durch stabile langfristige Militärabkommen an uns gebunden sind. In diesem Fall können die staatlichen Subsidien und Kredite in erster Linie die Form von militärischen Zuwendungen annehmen. Der geangelte Fisch braucht keinen Köder. Hier bin ich mit dem Außenministerium einer Meinung, dass die Erteilung ausgedehnter Wirtschaftshilfe unter Umständen Resultate zeitigen könnte, die den beabsichtigten direkt entgegengesetzt sind, könnte seine Tendenzen zur Unabhängigkeit und zur Schwächung seiner bestehenden militärischen Bündnisse stärken. Solchen Ländern darf auch direkte Wirtschaftshilfe gegeben werden, aber wir müssen ihnen nur so viel geben, wie notwendig ist, um passende Regierungen an der Macht zu halten und jegliche feindliche oppositionelle Elemente im Zaum zu halten.

Nelson D. Rockefeller,
Brief an Präsident Eisenhower

Bei der Entwicklungshilfe handelt es sich um Geld, das von den armen Menschen in den reichen Ländern aufgebracht wird für die reichen Menschen in den armen Ländern.

Alfred Mozer

XIII. Kapitel

Welt

Die Welt ist zerbrechlich und immer dabei, sich zu ruinieren.

Alain Robbe-Grillet,
Süddeutsche Zeitung, 17./18.11.2001

Das vornehmste Bestreben der Welt sei darauf gerichtet, keines Herkules zu bedürfen. Das ist die einzige Klugheitsmaßregel, die ich zurzeit zugestehe. Es gilt nicht, einen Augiasstall zu misten, sondern aufzupassen, dass keiner entstehe.

Christian Friedrich Hebbel,
Tagebücher, 1836

Die Welt muss neu denken lernen. Wir müssen die Politik des Wettkampfs aufgeben.

Albert Einstein

Die Tatsache, dass unsere Zivilisation fortlaufend auf den Ruin zutreibt, ist nichts Deprimierendes, es ist sogar etwas Aufregendes und will sagen, dass die Welt nicht ein für alle Mal geschaffen ist, sondern immer wieder neu zu erschaffen ist.

Alain Robbe-Grillet,
Süddeutsche Zeitung, 17./18.11.2001

Die heutige Welt ist interaktiv und interdependent geworden: Alle reagieren aufeinander, alle leben in gegenseitiger Abhängigkeit voneinander. Ob es um die Erwärmung der Erde geht, um die Zerstörung der Ozonschicht oder um die Bevölkerungsexplosion – die Gefahren, denen sich die Menschheit gegenübersieht, sind transnational.

Lee Kuan Yew,
Und nun: das Jahrhundert Asiens?
in Mutmaßungen über das
21. Jahrhundert

Wir leben in einer Welt, in der alles möglich ist und nichts gewiss.

Václav Havel

In einer begrenzten Welt verlangt die Gerechtigkeit, dass wir nicht in erster Linie lernen, mehr zu geben, sondern dass wir lernen, weniger zu nehmen.

Johannes Rau

Man erobert die Welt nicht bloß als Feldherr, indem man sie unterwirft, sondern auch als Philosoph, indem man sie durchdringt, und als Künstler, indem man sie in sich aufnimmt und sie wieder gebiert.

Christian Friedrich Hebbel,
Tagebücher, 1961

Unsere Welt ist so unwahrscheinlich wie die Kunst. Sie könnte auch wieder verschwinden.

Thomas Assheuer,
Der Höllensturz der Kunst,
in Mutmaßungen über das
21. Jahrhundert

Das Weltgeschehen besteht fast aus nichts anderem als aus einem ewigen Wettstreit um Ehre, Reichtümer und Macht.

Thomas Hobbes,
Leviathan

Der Zufall ist der einzig legitime Herrscher des Universums.

Napoleon I. Bonaparte

Unsere Rolle in der Welt wird weder die des Spielführers noch die des Spielballs sein.

Richard von Weizsäcker

Tiere

Der untrüglichste Gradmesser für die Herzensbildung eines Volkes und eines Menschen ist, wie sie die Tiere betrachten und behandeln.

Berthold Auerbach

Es wird die Zeit kommen, da das Verbrechen am Tier genauso geahndet wird wie das Verbrechen am Menschen.

Leonardo da Vinci

Der Mensch hat die Atombombe erfunden. Keine Maus der Welt käme auf die Idee, eine Mausefalle zu konstruieren.

Werner Mitsch

Natur

Wer die Natur beherrschen will, muss ihr gehorchen.

Francis Bacon

Wir leben in einem gefährlichen Zeitalter. Der Mensch beherrscht die Natur, bevor er gelernt hat, sich selbst zu beherrschen.

Albert Schweitzer

Früher war die Naturwissenschaft ein Mittel zur Abwendung von Naturkatastrophen. Heute zur Anwendung.

Jeannine Luczak

Die ganze Natur ist eigentlich nichts anderes als ein Zusammenhang von Erscheinungen nach Regeln.

Immanuel Kant

Der Natur liegt nur unser Dasein, nicht unser Wohlsein am Herzen.

Arthur Schopenhauer

Einem Land, in dem die Blumen teuer sind, fehlt die Grundlage der Kultur.

Aus China

Unkraut ist die Opposition der Natur gegen die Regierung der Gärtner.

Oskar Kokoschka

Umweltpolitik

In Sachen Umweltschutz sind die meisten Regierungen kriminelle Vereinigungen.

Oliver Hassencamp

Sinnvolle Umweltpolitik setzt besser beim Auspuff als beim Zapfhahn an.

Heiner Geißler

Umweltpolitik ist Friedenspolitik für die Zukunft.

Klaus Töpfer,
Süddeutsche Zeitung, 9.11.2001

Utopie

Es ist ein bedrohliches Zeichen, dass alle Utopien in jüngerer Zeit pessimistisch sind.

Carlo Schmid

Der Utopist sieht das Paradies. Der Realist das Paradies plus Schlange.

Christian Friedrich Hebbel

Visionen sind Strategien des Handelns. Das unterscheidet sie von Utopien.

Roman Herzog

Visionen brauchen Fahrpläne.

Hilmar Kopper

Zeit

Es gibt eine unkriegerische, harmlos klingende, aber äußerst effektvolle Methode, unsere Industriegesellschaft radikal zu verändern: Man schaffe alle Wecker ab. Nicht die Dampfmaschine, nicht der Ottomotor und auch nicht das Fernsehen bilden das instrumentelle Rückgrat dieser Gesellschaft – es sind die Wecker.

Karlheinz A. Geißler,
Zeit – verweile doch …

Im genauen Verhältnis zur sozialen Hierarchie steht das Wartenmüssen. Je weiter oben einer ist, umso weniger muss er warten. Arbeitslose warten den ganzen Tag.

Max Horkheimer,
Notizen 1950–1969 und Dämmerung

Es gibt Diebe, die von den Gesetzen nicht bestraft werden und doch dem Menschen das Kostbarste stehlen: die Zeit.

Napoleon I. Bonaparte

Zeitgewinne sind steuerfrei!

Günter F. Gross

Wir sind die Gefangenen der Uhrzeiger, die Sklaven der Terminkalender und die Dienstboten unserer Bankkonten.

Jean Anouilh

Epoche

Die Lebenskraft einer Epoche zeigt sich in ihrer Aussaat, nicht in ihrer Ernte.

Ludwig Börne

Jede Epoche hat ihr Symbol. Es ist umso mächtiger, je mehr es die Ambitionen der Zeit, und zwar auch die gegensätzlichsten, im selben Bild zur Anschauung bringt. Das aus dem Weltraum geschossene Foto von der Erde ist zur Ikone unserer Zeit geworden.

Wolfgang Sachs,
Ökologie: Möglichkeiten, Notwendigkeiten, Grenzen, in Mutmaßungen über das 21. Jahrhundert

Jede Zeit hat ihre Aufgabe, und durch die Lösung derselben rückt die Menschheit weiter.

Heinrich Heine,
Reisebilder II, Italien I, Von München nach Genua

Unsichtbare, aber fast allmächtige Bande verknüpfen die Ideen eines Jahrhunderts mit denen des voraufgegangenen, die Vorliebe der Söhne mit den Neigungen der Väter. Man kann also schwerlich über eine Nation in einer bestimmten Zeit sprechen, ohne zu sagen, was sie ein halbes Jahrhundert zuvor gewesen war.

Alexis Graf von Tocqueville,
Auswahl aus Werken und Briefen

Unser Zeitalter ist charakterisiert durch eine gefährliche Kombination von Säkularisierung und Kapitalismus.

Marion Gräfin Dönhoff,
Macht und Moral

Man kann nicht auf die Dauer eines Lebens der Feind seiner Zeit sein.

Peter Handke

Eine der Möglichkeiten, eine Epoche zu beenden, besteht darin, dass man ihr einen treffenden Namen gibt.

Ivan Illich,
Entmündigende Expertenherrschaft, 1979

Zum wirklichen Leiden, zur Hölle wird das menschliche Leben nur da, wo eine ganze Generation so zwischen zwei Zeiten, zwischen zwei Lebensstile hineingerät, dass ihr jede Selbstverständlichkeit, jede Sitte, jede Geborgenheit und Unschuld verloren geht.

Hermann Hesse,
Steppenwolf

Fortschritt

Die Zukunft kommt von selbst, der Fortschritt nicht.

György Lukács

Der beste Weg zum Fortschritt ist der Weg der Freiheit.

John F. Kennedy

Fortschritt ist die Verwirklichung von Utopien.

Oscar Wilde

Jedes Jahrhundert hat die Tendenz, sich als fortschrittlich zu betrachten und alle anderen nur nach seiner Idee abzumessen.

Leopold von Ranke,
Tagebuchblätter

Allzu viel Stabilität verhindert den Fortschritt.

Alfred Oder

Einzelne, die den überlieferten Anschauungen entgegentraten, sind die Quelle aller moralischen und geistigen Fortschritte gewesen.

Bertrand Russell

Der Fortschritt besteht nicht darin, das Gestern zu zerstören, sondern seine Essenz zu bewahren, welche die Kraft hatte, das bessere Heute zu schaffen.

José Ortega y Gasset

Viele, die ihrer Zeit vorausgeeilt waren, mussten auf sie in sehr unbequemen Unterkünften warten.

Stanislaw Jerzy Lec,
Unfrisierte Gedanken

Der größte Feind des Fortschritts ist nicht der Irrtum, sondern die Trägheit.

Henry Thomas Buckle,
Geschichte der Zivilisation XX, 78

Mehrheiten zementieren das Bestehende, Fortschritt ist nur über Minderheiten möglich.

Bertrand Russell

Die Kunst des Fortschritts besteht darin, inmitten des Wechsels Ordnung zu wahren, inmitten der Ordnung den Wechsel aufrechtzuerhalten.

Alfred North Whitehead

Den Fortschritt verdanken die Menschen den Unzufriedenen.

Aldous Leonard Huxley

Der materielle Fortschritt befriedigt keines der Bedürfnisse, die der Mensch wirklich hat.

Winston Churchill

Es geht nicht darum, den technischen Fortschritt aufzuhalten oder zu drosseln, sondern darum, diejenigen seiner Züge zu beseitigen, welche die Unterwerfung des Menschen unter den Apparat und die Steigerung des Kampfes ums Dasein verewigen.

Herbert Marcuse

Wissenschaftlichen Fortschritt macht moralischen Fortschritt zu einer Notwendigkeit. Denn wenn die Macht des Menschen wächst, müssen die Hemmungen verstärkt werden, die ihn davon abhalten, sie zu missbrauchen.

Anne Louise Germaine de Stäel

Veränderung

Wer das Bewahrenswerte bewahren will, muss verändern, was der Erneuerung bedarf.

Willy Brandt

Unwandelbarkeit in der Politik ist nur ein anderer Ausdruck für Mangel an Verstand.

Charles Maurice de Talleyrand-Périgord

Der größte Feind der neuen Ordnung ist, wer aus der alten seine Vorteile zog.

Niccolò Machiavelli

Gesellschaft und Wirtschaft geben der Politik das Tempo der Veränderung vor.

Thomas Middelhoff,
Die Gesellschaft bewegen,
in Konsens und Konflikt?

Bevor man die Welt verändert, wäre es vielleicht wichtiger, sie nicht zugrunde zu richten.

Paul Claudel

Nicht starke Mittel, sondern starke Geister ändern die Welt.

Ernst Jünger

Zukunft

Wer Zukunft will, muss die Gegenwart verändern.

Gregor Gysi,
Ausschnitte aus einer Rede auf der zweiten Tagung des zweiten Parteitags in Berlin am 21.6.1991

Die Reiche der Zukunft sind Reiche des Geistes.

Winston Churchill,
Rede an der Harvard-Universität,
6.9.1943

Genau zu wissen, wie viel von der Zukunft in die Gegenwart eingehen kann, ist das Geheimnis einer guten Regierung.

Victor Hugo

Wer für die Zukunft sorgen will, muss die Vergangenheit mit Ehrfurcht und die Gegenwart mit Misstrauen aufnehmen.

Joseph Joubert

Die Frage heute ist, wie man die Menschheit überreden kann, in ihr eigenes Überleben einzuwilligen.

Betrand Russell

Kein Volk denkt an übermorgen.

Sigmund Graff

Die Zukunft hat viele Namen.
Für die Schwachen ist sie das Unerreichbare.
Für die Furchtsamen ist sie das Unbekannte.
Für die Tapferen ist sie die Chance.

Victor Hugo

Autoren- und Quellenverzeichnis

Abbey, Edward, 1927–1989, amerikanischer Schriftsteller

Abs, Hermann Josef, 1901–1994, deutscher Bankier

Abu Al-Fadl Ja'Far Ibn 'Ali Al-Dimishqi, spätes 9. Jahrhundert

Achseon, Dean, 1893–1971, amerikanischer Politiker

Acton, Lord John Emeric, 1834–1902, englischer Historiker

Adam, Konrad, *1942, deutscher Journalist, Redakteur der Frankfurter Allgemeinen Zeitung

Adams, Henry, 1838–1918, amerikanischer Historiker

Adams, James R., amerikanischer Manager

Adenauer, Konrad, 1876–1967, deutscher Politiker CDU, erster Bundeskanzler 1949–1963

Adorno, Theodor W., eigentlich Theodor Wiesengrund, 1903–1969, deutscher Philosoph, Soziologe und Musiktheoretiker

Aich, Prodosh, *1934, indischer Ethnologe

Aischylos, 525–456, Athen, griechischer Dichter, Schöpfer der abendländischen Tragödie

Albanische Sprichwörter

Albert I., Fürst von Monaco, 1899–1922

Allende, Isabel, *1942, peruanischer Schriftstellerin

Amerungen Wolff von, deutscher Unternehmer

Amery, Carl (eigentlich Christian Anton Mayer), *1922, deutscher Schriftsteller, Erzähler, Essayist

Anouilh, Jean, 1910–1987, französischer Bühnenautor und Dramatiker

Apel, Hans, *1932, deutscher Politiker SPD, MdB, Finanzminister

Arabische Sprichwörter

Arendt, Hannah, 1906–1975, amerikanische Philosophin, Soziologin deutscher Herkunft

Aristophanes, um 445–385, Athen, griechischer Dichter, Komödien

Aristoteles, 384–322 v. Chr., griech. Philosoph, Schüler Platos, Lehrer Alexanders des Großen von Mazedonien

Arndt, Hans, *1911, deutscher Schriftsteller, Aphoristiker

Arnold, Matthew, 1822–1888, englischer Dichter, Kritiker

Assheuer, Thomas, *1955, deutscher Feuilletonredakteur der Wochenzeitung DIE ZEIT

Attlee, Clement Earl, 1883–1967, englischer Politiker, Labour, Premierminister

Auerbach, Berthold, 1812–1882, deutscher Erzähler

Augstein, Rudolf, *1923, deutscher Journalist, Herausgeber »Der Spiegel«

Augustinus, Aurelius, 354–430, Bischof, Kirchenlehrer

italienischer Politiker, erster sozialistischer Ministerpräsident, 1983–1987

Cresson, Edith, *1934, französische Politikerin, Mitglied des europäischen Parlaments

Cromwell, Oliver, 1599–1658, englischer Staatsmann und Heerführer

Croce, Bernedetto, 1866–1952, italienischer Philosoph, Historiker, Unterrichtsminister, Führer der Liberalen

Cunow, Heinrich, 1862–1936, deutscher Sozialdemokrat, Professor Ethnologe

Cybinski, Nikolaus, *1936, deutscher Aphoristiker

Dahme, Thomas Christian, deutscher Publizist und Aphoristiker

Dahrendorf, Sir Ralf, *1929, deutsch-englischer Wissenschaftler und Politiker, Mitglied des Oberhauses

Danilewski

Davis, Colin P.

Demokrit, um 460–370 v. Chr., griechischer Philosoph, Atomlehre

Demosthenes, 384–322 v. Chr., griechischer Redner und Staatsmann in Athen

Deutsche Sprichwörter

Dettling, Warnfried, *1943, deutscher Publizist

Dickens, Charles, 1812–1870, englischer Erzähler

Diderot, Denis, 1713–1784, französischer Philosoph und Schriftsteller

Dietl, Helmut, *1944, deutscher Filmregisseur

Disraeli, Benjamin Earl of Beaconsfield, 1804–1881, englischer konservativer Staatsmann und Schriftsteller

Ditfurth, Hoimar von, *1921, deutscher Wissenschaftler, Publizist

Ditfurth, Jutta, *1951, Tochter von Hoimar von Ditfurth, deutsche Politikerin ehemalige Grüne

Djilas, Milovan, *1911, jugoslawischer Politiker und Schriftsteller

Doderer, Heimito von, 1896–1966, österreichischer Schriftsteller

Dohnanyi, Klaus von, *1928, deutscher Politiker, SPD, ehemaliger Bürgermeister von Hamburg

Dönhoff, Marion Gräfin, *1909, deutsche Chefredakteurin und Herausgeberin der »Zeit«, Schriftstellerin

Dostojewski, Fjodor Michaijlowitsch, 1821–1881, russischer Dicher

Douglas, Norman, 1868–1952, englischer Reiseschriftsteller

Drewermann, Eugen, *1940, deutscher Theologe, Psychotherapeut

Drucker, Peter F., *1909, amerikanischer Managementtheoretiker

Duerr, Carl, deutscher Unternehmer

Duerr, Hans Peter, *1929, deutscher

Franz I., Kaiser von Österreich, 1494–1547, König seit 1515, scharf zentralistische Reg.-Österr.
Französische Sprichwörter
Freeman, Morgan, *1937, amerikanischer Schauspieler
Freidank (Freidenker), unbekannter Verfasser des Lehrgedichts »Bescheidenheit«
Freud, Sigmund, 1856–1939, östereichischer Psychiater und Begründer der Psychoanalyse
Freyer, Hans, 1887–1969, deutscher Soziologe
Freytag, Gustav, 1816–1895, deutscher Schriftsteller
Friedell, Egon (eigentlich Friedmann), 1878–1938, österreichischer Schauspieler
Friedman, Milton, *1912, amerikanischer Wirtschaftswissenschaftler
Friedrich II. von Preußen, 1712–1786, ab 1740 König
Friedrich Wilhelm IV. von Preußen, 1795–1861, ab 1840 König
Friedrich der Weise von Sachsen, 1463–1525, Kurfürst ab 1486, Beschützer Luthers
Friedrich August III. von Sachsen, 1865–1935, 1904–1918 König
Friedrich Wilhelm von Brandenburg, Kurfürst, 1620–1688
Frisch, Max, 1911–1991, schweizerischer Dramatiker und Erzähler
Fromm, Erich, *1900, amerikanischer Psychoanalytiker deutscher Herkunft
Frost, David, *1939, amerikanischer Schriftsteller
Frost, Robert Lee, 1874–1963, amerikanischer Lyriker
Fulda, Fürchtegott Christian, 1768–1854, deutscher Schriftsteller
Fullbright, James William, *1905, amerikanischer Politiker
Fuller, John Frederick Charles, 1878–1966, britischer General und Historiker
Furness, Betty, *1916, amerikanische Verbraucherschutzorganisation des Staates New York
Fürstenberg, Carl, 1850–1933, deutscher Bankier

Gabriel, Siegmar, *1959, deutscher Politiker SPD, Ministerpräsident von Niedersachsen
Gaddafi El Umar Muamar, *1942, libyscher Staatschef
Galbraith, John Kenneth, *1908, amerikanischer Wirtschaftswissenschaftler, Mitglied im Kriegskabinett Roosevelts, wirtschafts-politischer Berater von Adlai Stevenson, John F. Kennedy und Lyndon B. Johnson
Galeano, Eduardo, *1940, uruguayischer Schriftsteller
Galen, Clemens August Graf von, 1878–1946, deutscher Kardinal, Bischof von Münster
Galo Otto (Pseudonym), deutscher Publizist
Gandhi Mohandas Karamchand, genannt Mahatma, 1869–1948, indischer Freiheitskämpfer, gewaltloser Widerstand
Ganganelli, siehe Klemens XIV., 1705–1774

Ganghofer, Ludwig, 1855–1920, deutscher Schriftsteller und erster deutscher Kriegsberichterstatter im Ersten Weltkrieg
Garbe, Karl, *1927, deutscher Satiriker und Essayist
Gary, Romain (eigentlich Roman Kassew), *1914, französischer Dichter
Gauck, Joachim, *1940, evangelischer Theologe, Mitbegründer des Neuen Forums, Bundesbeauftragter für die Unterlagen des Staatssicherheitsdienstes
Gaulle, Charles de, 1890–1970, französischer Politiker, Staatspräsident 1959–1969
Gaus, Günter, deutscher Journalist
Gauweiler, Peter, *1949, deutscher Politiker, CSU, ehemaliger bayerischer Umweltminister
Gaxotte, Pierre, 1895–1982, französischer Historiker
Gehlen, Arnold, 1904–1976, deutscher Philosoph, Soziologe
Geißler, Heiner, *1930, deutscher Politiker CDU, Generalsekretär, MdB
Geißler, Karlheinz A., *1944, deutscher Wissenschaftler, Wirtschaftspädagoge
Genet, Jean, *1910–1986, französischer Dramatiker und Bühnenautor
Genscher, Hans-Dietrich, *1927, deutscher Politiker FDP, Bundesinnenminister und Bundesaußenminister
Gerhard, Wolfgang, *1943, deutscher Politiker FDP, MdB
Getty, Paul J., 1892–1976, amerikanischer Industrieller
Gide, André, 1869–1951, französischer Schriftsteller, Nobelpreis für Literatur 1947
Giraudoux, Jean, 1882–1944, französischer Schriftsteller und Diplomat
Giroud, Françoise, *1916, französische Journalistin, Schriftstellerin und Publizistin
Giscard, d'Estaing, Valéry, * 1926, französischer Politiker, ehemaliger Staatspräsident
Gladstone, William Ewart, 1809–1898, englischer Politiker
Glos, Michael, *1944, deutscher Politiker CSU, MdB, Landesgruppenchef
Glotz, Peter, *1939, deutscher Politiker SPD
Glück, Alois, *1940, deutscher Politiker CSU
Glucksmann, André, *1937, französischer Schriftsteller und Philosoph
Gneisenau, August Graf Neidhardt von, 1760–1831, preußischer Heerführer
Goebbels, Joseph, 1897–1945, Minister für Volksaufklärung und Propaganda im »Dritten Reich«
Goedevert, Daniel, *1944, französischer Manager
Goethe, Johann Wolfgang von, 1749–1832, deutscher Dichter
Goetz, Curt, 1888–1960, deutscher Schauspieler und Schriftsteller
Goldsmith, James Sir, *1933, französisch-britischer Industrieller

Bruder Alexanders, 1767–1835, preußischer Staatsmann, Philologe

Hume, David, 1711–1776, schottischer Philosoph und Historiker

Huntington, Samuel P., *1927, amerikanischer Wissenschaftler

Huxley, Aldous Leonard, 1894–1963, englischer Philosoph und Schriftsteller

Ibsen, Henrik, 1828–1906, norwegischer Dichter

Ihering, Rudolf von, 1818–1892, deutscher Rechtslehrer

Illich, Ivan, *1926, Philosoph und Theologe, Autor

Indische Sprichwörter

Ingersoll, Robert Green, 1833–1899, amerikanischer Jurist

Ignatius von Antiochien, *1. Jahrhundert, gestorben vor 117, frühchristlicher Bischof

Innozenz II., Papst 1130–1143

Jackson, Holbrook, 1874–1948, englischer Essayist

Jagoda, Bernhard, *1940, deutscher Politiker, Präsident der Bundesanstalt für Arbeit

Jahn, Friedrich Adolf, *1935, deutscher Politiker CDU, Staatssekretär im Bundesbauministerium, Präsident von Haus & Grund

Jahn, Hans Henny, 1894–1959, deutscher Schriftsteller

Jahn, Helmut, *1940, deutscher Architekt

Jakopp, Heinrich, 1901–1983, deutscher Industrieller

Jaspers, Karl, 1883–1969, deutscher Philosoph, Professor für Psychologie

Jaurès, Jean, 1859–1914, französischer Politiker und Philosoph

Jean, Paul, 1763–1825, deutscher Schriftsteller

Jefferson, Thomas, 1743–1826, amerikanischer Politiker, Präsident 1801–1809

Jelinek, Elfriede, *1946, österreichische Schriftstellerin

Jelzin, Boris Nikolajewitsch, *1931, russischer Politiker, Präsident Russlands

Jens, Walter, *1923, deutscher Literaturwissenschaftler, Philologe und Schriftsteller

Jerold, Douglas, 1803–1857, englischer Dramatiker, Humorist

Jerome, Jerome K., 1859–1927, englischer Schriftsteller

Jewtuschenko, Jewgeni, *1933, russischer Schriftsteller, Lyriker

Joffe, Josef, *1944, deutscher Journalist, Herausgeber von DIE ZEIT

Johannes Paul II. (eigentlich Karol Wotyla), *1920, polnischer Papst

Johnson, Samuel, 1709–1784, englischer Dichter, Literaturkritiker

Jospin, Lionel, *1937, französischer Politiker, Premierminister

Joubert, Joseph, 1754–1824, französischer Moralist

Jouvenel, Bertrand de, 1903–1987, französischer Schriftsteller

Julius III., Papst 1550–1555

Jugoslawische Sprichwörter

Jünger, Ernst, 1895–1998, deutscher Schriftsteller

Jungk, Robert, 1913–1994, österreichischer Wissenschaftler, Zukunftsforscher

Jurandot, Jerzy, 1911–1979, polnischer Schriftsteller

Jürgensen, Harald, *1924, deutscher Volkswirt

Juvenal (Decimus, Junius Jevenalis), um 60–127, römischer Satiriker, schildert den Sittenverfall in Rom

Buch des Kabus (Unsuril Maali Kjakawus), König der Dilemiten am südlichen Kaspisee, um 1058 geschrieben für seinen Sohn Gilan Schach

Käfer, Gerd, deutscher Gastronom

Kafka, Franz, 1883–1924, tschechischer Schriftsteller

Kaisen, Wilhelm, *1887, deutscher Politiker

Kaiser, Georg, 1878–1945, deutscher Dramatiker

Kaiser, Joachim, 1928, deutscher Literaturkritiker

Kant, Immanuel, 1724–1804, deutscher Philosoph

Kamerunische Sprichwörter

Kästner, Erich, 1899–1974, deutscher Schriftsteller

Karajan, Herbert von, 1908–1989, österreichischer Dirigent

Karalius, Vytautas, * 1931, litauischer Schriftsteller, Aphoristiker

Kasper, Hans (eigentlich Dietrich Huber), *1916, deutscher Schriftsteller und Aphoristiker

Kekkonen, Urho Kaleva, 1900–1986, finnischer Politiker, Staatspräsident

Keller, Gottfried, 1819–1890, schweizerischer Dichter

Kempner, Friederike, 1836–1904, deutsche Schriftstellerin

Kennan, George F., *1904, Milwaukee, amerikanischer Russlandexperte

Kennedy, Edward M., *1932, amerikanischer Politiker

Kennedy, John Fitzgerald, 1917–1963, amerikanischer Politiker, 35. Präsident der Vereinigten Staaten von Amerika, ab 1961 Präsident

Kennedy, Paul, Historiker

Kerkorian, Kirk, *1917, amerikanischer Manager von Metro-Goldwyn-Mayer

Kessel, Martin, *1901, deutscher Schriftsteller

Keynes, John Maynard, 1883–1945, englischer Nationalökonom

Keyserling, Hermann von, 1880–1946, deutscher Philosoph

Kierkegaard, Søren, 1813–1855, dänischer Philosoph, Theologe und Schriftsteller

Kilian, Hans (eigentlich Eduard Wildhagen), *1890, deutscher Schriftsteller

King, Martin Luther, 1929–1968, amerikanischer Pfarrer, Friedensnobelpreis 1964

King, William Lyon Mackenzie, 1874–1950, amerikanischer Politiker, Führer der Liberalen

Kingston, A.

Kinkel, Klaus, *1936, deutscher Politiker FDP, ehemaliger Außenminister

Livingston, Ken, *1945, englischer Politiker, Londoner Bürgermeister

Livius, Titus, 59 v. Chr. bis 17 n. Chr., römischer Geschichtsschreiber

Lloyd, George David, 1863–1945, liberaler englischer Staatsmann

Logau, Friedrich Freiherr von, 1604–1655, deutscher Dichter

Lohberger, Hans, 1920–1979, österreichischer Schriftsteller, Aphoristiker, Lyriker

Lorentz, Lore, *1920–1994, deutsche Kabarettistin

Lorenz, Konrad, 1903–1989, österreichischer Verhaltensforscher

Löwe, Adolf, 1893–1995, deutscher Wissenschaftler, Autor

Lowell, James Russell, 1819–1891, amerikanischer Schriftsteller

Luczak, Jeannine, *1938, schweizerische Literaturwissenschaftlerin

Lucilius, Gaius, um 180 v. Chr. bis 102 oder 101, römischer Satiriker, beeinflusste Horaz

Ludwig XI., der Grausame, 1423–1483, König seit 1461, legte die Grundlagen für die unbeschränkte Monarchie in Frankreich

Ludwig XIV. von Frankreich, 1638–1715, ab 1643 König

Ludwig XVIII. von Frankreich, 1755–1824, ab 1814 König

Ludwig II. von Bayern, 1845–1886, ab 1864 König

Luhmann, Niklas, *1927, deutscher Prof. für Soziologie

Lukács, György, 1885–1971, ungarischer Professor für Ästhetik und Kulturtheorie

Luther, Martin, 1483–1546, deutscher Reformator

Luwein, Franz

Lykophron, 3. Jahrhundert v. Chr., Gelehrter und Dichter in Alexandrien

Macaulay, Thomas Babington, 1800–1859, liberaler englischer Politiker, Historiker

Machiavelli, Niccolò,1469–1527, italienischer Politiker und Schriftsteller

Macmillan, Harold, 1894–1986, englischer Verleger und Politiker

Madison, James, 1751–1836, amerikanischer Präsident 1808–1817

Madonna (eigentlich M. Louise Veronica Cicone), *1958, amerikanische Popsängerin und Filmschauspielerin

Maffay, Peter, *1949, deutscher Rocksänger

Magna Charta, 1215, englische Gesetzsammlung

Mahlmann, Siegfried August, 1771–1826, deutscher Publizist, Schriftsteller

Mailer, Norman, *1923, amerikanischer Schriftsteller

Maistre, Joseph Marie Comte de, 1753–1821, französischer Staatstheoretiker

Malraux, André, 1901–1976, französischer Schriftsteller und Politiker

Mandela, Nelson, *1918, südafrikanischer Politiker
Mann, Golo (Gottfried), *1909, deutscher Historiker
Mann, Heinrich, 1871–1950, deutscher Schriftsteller
Mann, Thomas, 1875–1955, deutscher Essayist und Novellist, Nobelpreis für Literatur 1929
Mannheim, Karl, 1893–1947, Professor für Soziologie
Mao Tse-Tung, 1893–1976, chinesischer Politiker, Revolutionär und politischer Theoretiker
Marc, Franz, 1980–1916, deutscher Maler
Mark Twain, 1835–1910, amerikanischer Schriftsteller
Marceau, Marcel, *1923, französischer Filmschauspieler, Regisseur
Marcuse, Herbert, 1898–1979, deutscher Philosoph, Soziologe und Politologe
Marcuse, Ludwig, 1894–1971, deutscher Philosoph
Mardonius, † 479 v. Chr.
Mark Aurel (Marcus Aurelius Antonius), 121–180, ab 161 römischer Kaiser
Marney, Carlyle, *1916, amerikanischer Philosoph
Martial (Marcus Valerius Martialis), um 40 bis um 102, römischer Epigrammatiker
Martini, Eberhard, *1935, deutscher Bankier, ehemaliger Vorstandsvorsitzender der Bayerischen Hypotheken- und Wechselbank
Marx, Karl, 1818–1883, deutscher Philosoph
Masur, Kurt, *1927, deutscher Dirigent
Matthias I. Corvinus, 1440–1490, König seit 1458, seit 1469 von Böhmen, besiegte die Türken
Maugham, William Somerset, 1874–1965, amerikanischer Schriftsteller
Maupassant, Guy de, 1850–1893, französischer Schriftsteller
Mauriac, François, 1885–1970, französischer Schriftsteller
Maurois, André (eigentlich Émile Salomon Wilhelm Herzog), 1885–1967, französischer Schriftsteller
Mazarin, Jules, 1602–1661, italienischer Kardinal, ab 1642 Leitender Minister
McLuhan, Marshall, 1911–1980, amerikanischer Professor, Autor
McNamara, Robert Strange, *1916, amerikanischer Politiker, Demokrat, ehemaliger Verteidigungsminister
Meany, George, 1894–1980, amerikanischer Gewerkschaftsführer
Mencken, Henry Louis, 1880–1956, amerikanischer Journalist, Literaturkritiker, Essayist
Merkel, Angela, *1954, deutsche Politikerin CDU, MdB, ehemalige Umweltministerin, Parteivorsitzende
Mernissi, Fatima, *1940, aus dem Maghreb, Schriftstellerin, Soziologin
Merz Friedrich, deutscher Politiker, MdB, Chef der CDU/CSU-Fraktion im Bundestag

Mountbatten, Philip, *1921, Duke of Edinburgh, englischer Politiker
Mozer, Alfred, 1905–1979, EWG-Kommission Brüssel
Muckermann Hermann, 1877–1962, deutscher Theologe, Jesuit, Eugeniker
Muggeridge, Malcolm, *1903, englischer Journalist
Muliar Fritz, *1919, österreichischer Schauspieler
Müller, Heiner, 1929–1995, deutscher Schriftsteller
Müller, Werner, *1946, deutscher Politiker, parteilos, Wirtschaftsminister
Müller-Vogg, Hugo, *1947, Herausgeber der Frankfurter Allgemeinen Zeitung
Müntefering, Franz, *1940, deutscher Politiker SPD, MdB, SPD-Generalsekretär
Murville, Couve de, *1907, französischer Politiker, Premierminister 1968/1969
Muschg, Adolf, *1934, schweizerischer Schriftsteller
Musil, Robert, 1880–1942, österreichischer Schriftsteller

Nahr, Helmar, *1931, deutscher Mathematiker und Wirtschaftswissenschaftler
Nannen, Henri, 1913–1996, deutscher Journalist und Verleger
Napoleon I. Bonaparte, 1769–1821, französischer Kaiser
Necker, Jacques, 1732–1804, französischer Bankier und Finanzminister
Nehru, Jawaharlat, 1889–1964, indischer Politiker, Premierminister 1947–1964
Nestroy, Johann, 1801–1862, österreichischer Schauspieler, Bühnendichter
Newman, James, *1942, kanadischer Wissenschaftler, Autor, englischer Herkunft
Newton, Sir Isaak, 1643–1727, englischer Mathematiker, Physiker und Astronom
Nicolson, Sir Harold George, 1886–1968, englischer Diplomat und Schriftsteller
Niebuhr, Reinhold, 1892–1971, amerikanischer evangelischer Theologe
Niederreuther, Thomas, *1909, deutscher Kaufmann, Maler, Schriftsteller
Nietzsche, Friedrich, 1844–1900, deutscher Philosoph
Nirumand, Bahmann, *1936, persischer Schriftsteller
Nixon, Richard Milhous, *1913, amerikanischer republikanischer Politiker, 37. Präsident der Vereinigten Staaten von Amerika
Noelle-Neumann, Elisabeth, *1916, deutsche Meinungsforscherin
Northcliffe, Lord Alfred, 1865–1922, englischer Zeitungsverleger
Norwegische Sprichwörter
Novalis, eigentlich Friedrich von Hardenberg, 1772–1801, deutscher Dichter
Nowottny, Friedrich, *1929, deutscher Journalist, Redakteur von Bonn direkt

Oder, Alfred
O'Connor, Johnson, *1891, Gründer der Human Engineering Laboratory und der Johnson O'Connor Research Foundation
Oesch, Emil, 1894–1974, Schriftsteller und Verleger
Ogilvy, David, 1911–1999, englischer Unternehmer
Onassis Aristoteles, 1907–1975, griechischer Reeder
O'Neill, Eugene, 1888–1953, amerikanischer Dramatiker
Ortega y Gasset, José, 1883–1955, spanischer Philosoph, Professor für Metaphysik
Orwell, George (eigentlich Eric Arthur Blair), 1903–1950, englischer Schriftsteller
Osborne, John, *1929, englischer Dramatiker
Ossietzky, Carl von, 1889–1938, deutscher Pazifist, Friedensnobelpreis 1936
Otto von Habsburg, österreichischer Kaiser, Politiker
Ovid (Publius Ovidius Naso), 43 v. Chr. bis 17 n. Chr., römischer Dichter

Packard, Vance, *1914, amerikanischer Journalist, Sozialkritiker
Paczensky, Susanne von, *1923, deutsche Journalistin
Pagnol, Marcel, 1895–1974, französischer Schriftsteller
Papen, Franz von, 1879–1969, deutscher Politiker (Zentrum)
Parkinson, Cyril Northcote, 1909–1993, englischer Historiker, Publizist und Journalist, Entdecker der Parkin'sonschen Gesetze
Pascal, Blaise, 1623–1662, französischer Philosoph, Mathematiker und Begründer der Wahrscheinlichkeitsrechung
Pasteur, Louis, 1822–1895, französischer Chemiker und Biologe
Pavese, Cesare, 1908–1950, italienischer Erzähler und Übersetzer
Peres, Shimon, *1923, israelischer Politiker, ehemaliger Premierminister
Perikles, nach 500–429 v. Chr., Staatsmann aus Athen
Pestalozzi, Johann Heinrich, 1746–1827, schweizerischer Pädagoge
Petan, Zarko, *1944, slowenischer Schriftsteller, Aphoristiker
Petit-Senn, Jules, 1790–1870, französischer Schriftsteller
Peymann, Claus, *1937, deutscher Regisseur, Intendant des Berliner Ensembles
Peyrefitte, Roger, *1907, französischer Diplomat, Dramatiker und Essayist
Philipp II., geboren um 382–336 v. Chr., makedonischer König 359–336 v. Chr.
Phönizische Sprichwörter
Pierer, Heinrich von, *1941, deutscher Manager, Vorstandsvorsitzender der Siemens AG
Pierpont, Morgan John, 1837–1913, amerikanischer Finanzmann
Pinter, Harold, *1930, englischer Dramatiker

Politikerin SPD, Ministerpräsidentin von Schleswig-Holstein

Sinatra, Frank, 1915–1998, amerikanischer Sänger und Filmschauspieler

Sinclair, Upton, 1878–1968, amerikanischer Schriftsteller

Singer, Isaac, 1811–1875, amerikanischer Erfinder

Skasa, Michael, deutscher Journalist

Smiles, Samuel, 1812–1904, schottischer Arzt und Schriftsteller

Smirnow, Andreij, *1905, russischer Politiker, Diplomat

Smith, Adam, 1723–1790, englischer Nationalökonom und Moralphilosoph

Smohalla, geboren etwa 1815, gehörte zu den Nez Perce, einem kleinen Stamm in der Provinz Washington; Prediger der »Dreamer-Religion«, Weisheit der Indianer

Sokrates, 469–399 v. Chr., griechischer Philosoph

Sölle, Dorothée, *1929, deutscher Theologin

Solms, Hermann Otto, *1940, deutscher Politiker FDP, ehemaliger Fraktionsvorsitzender

Solon, geboren um 640, gestorben um 560, Gesetzgeber und Dichter aus Athen

Sommer, Ron, *1949, österreichischer Manager, Vorstandsvorsitzender der Deutschen Telekom AG

Sommer, Theo, *1930, deutscher Journalist bei DIE ZEIT, zuletzt als Mitherausgeber

Sophokles, 496–405/406, griechischer Dichter und Philosoph

Sordi, Alberto, *1920, italienischer Schauspieler

Spanische Sprichwörter

Späth, Lothar, *1937, deutscher Politiker, CDU, ehemaliger Ministerpräsident von Baden-Württemberg, Wirtschaftsmanager

Spengler, Oswald, 1880–1936, deutscher Kultur- und Geschichtsphilosoph

Spitteler, Carl, 1845–1942, schweizerischer Schriftsteller, Nobelpreis 1919

Stäel, Anne Louise Germaine de, 1766–1817, französische Schriftstellerin

Stalin, Joseph W. (eigentlich Jossif Dschugaschwili), 1879–1953, russischer Politiker, Diktator

Stamm, Barbara, *1944, deutscher Politikerin CSU, ehemalige Sozialministerin im Bayerischen Landtag

Stankowski, Ernst, *1928, österreichischer Schauspieler

Stans, Maurice, 1969, amerikanischer Handelsminister

Stein, Gertrude, 1874–1946, amerikanische Schriftstellerin

Stein, Lorenz, 1815–1890, deutscher Staatsrechtslehrer und Nationalökonom

Steinbeck, John, 1902–1968, amerikanischer Schriftsteller

Steinkühler, Franz, *1937, ehemaliger deutscher Gewerkschaftsführer, Vorsitzender der IG Metall

Tibi, Bassam, *1944, Damaskus, syrischer Professor, Publizist arabischer Herkunft

Tietmeyer, Hans, *1931, deutscher Bundesbankpräsident

Tisot, Henri, französischer Schriftsteller

Titus, T. Flavius Vespasianus, 39–81, römischer Kaiser seit 79, Zerstörung Jerusalems, vollendete als Ks. das Kolosseum

Tocqueville, Alexis Clérel Graf von, 1805–1859, französischer Geschichtsschreiber, Staatstheoretiker

Tognazzi, Ugo, 1922–1990, italienischer Filmschauspieler

Tolstoi, Leo, 1828–1910, russischer Dichter

Töpfer, Klaus, *1938, deutscher Politiker, CDU, Umweltminister, Leiter des UN-Umweltprogramms

Torberg, Friedrich (eigentlich Friedrich Ephraim Kantor), 1804–1979, österreichischer Literaturkritiker

Toynbee, Arnold Joseph, 1889–1975, englischer Historiker

Treitschke, Heinrich von, 1834–1896, deutscher Historiker

Trittin, Jürgen, *1954, deutscher Politiker Bündnis 90/Die Grünen, MdB, Umweltminister

Troll, Thaddäus (eigentlich Dr. Hans Bayer), 1914–1980, deutscher Schriftsteller

Trotzki, Leo, 1879–1940, russischer revolutionärer Theoretiker und Politiker

Troyat, Henri (eigentlich Leo Tarasov), *1911, russischer Schriftsteller

Truman, Harry S., 1884–1972, amerikanischer Präsident 1945–1953

Trump, Donald, *1946, US-amerikanischer Unternehmer

Tschuang Tse, ca. 335–275 v. Chr., chinesischer Philosoph

Tucholsky, Kurt, 1890–1935, deutscher Schriftsteller

Tutu, Desmond, *1931, anglikanischer Erzbischof, Kapstadt

Uhlenbruck, Gerhard, *1929, deutscher Aphoristiker

Ude, Christian, *1947, deutscher Politiker SPD, Oberbürgermeister in München

Ullmann, Wolfgang, *1929, MdB, Professor für Theologie

Ustinov, Sir Peter, *1921, englischer Schauspieler, Regisseur und Schriftsteller

Valentin, Karl (eigentlich Valentin Ludwig Fey), 1882–1948, deutscher Komiker und Schriftsteller

Valéry, Paul Ambroise, 1871–1945, französischer Wissenschaftler, Lyriker, Aphoristiker

Vargas, Llosa Mario, *1936, peruanischer Schriftsteller und Politiker

Vauvenargues, Luc de Clapier Marquis de, 1715–1747, französischer Schriftsteller

Veen, Hans-Joachim, *1944, Schriftsteller

Literaturverzeichnis

Manfred Bissinger, Dietmar Kuhnt, Dieter Schweer, Hrsg. von Konsens oder Konflikt? Wie Deutschland regiert werden soll, Hamburg 1999

Marion Gräfin Dönhoff, Macht und Moral, Was wird aus der Gesellschaft? Köln 2000

Marion Gräfin Dönhoff, Mutmaßungen über das 21. Jahrhundert, Aus Anlass des 80. Geburtstages von Helmut Schmidt, Berlin 1999

Marie von Ebner-Eschenbach, Sämtliche Werke, München

Albert Einstein, Über den Frieden, Weltordnung oder Weltuntergang Hrsg. von O. Nathan und H. Norden, Bern 1975

Albert Einstein, Warum Krieg? Zürich 1972

Henry Ford, Erfolg im Leben, München 1952

John Kenneth Galbraith, Anatomie der Macht, München 1987

Karlheinz A. Geißler, Zeit – verweile doch …, Freiburg im Breisgau 2000

Alois Glück, Verantwortung übernehmen, Mit der Aktiven Bürgergesellschaft wird Deutschland leistungsfähiger und menschlicher, Stuttgart/München 2000

Michael Haller, Vergangenheit als Zukunft, Das alte Deutschland im neuen Europa? München/Zürich 1993

Gertrud Höhler, Die Anspruchsgesellschaft, Düsseldorf/Wien 1979

Oskar Lafontaine und Gerhard Schröder, Innovationen für Deutschland, Göttingen 1998

Manfred Lahnstein, Die Feuerwehr als Brandstifter, Die unheimliche Macht der Experten in Politik und Wirtschaft, München 2000

Ludwig Marcuse, Argumente und Rezepte, Ein Wörter-Buch für Zeitgenossen, München 1967

Christian Graf von Krockow, Die Deutschen in ihrem Jahrhundert 1890–1990, Reinbek bei Hamburg 1992

Elisabeth Noelle-Neumann, Öffentliche Meinung, Die Entdeckung der Schweigespirale, Frankfurt am Main 1996

Carl von Ossietzky, Lesebuch, Der Zeit den Spiegel vorhalten, Hrsg. von Carl-von-Ossietzky-Forschungsstelle an der Universität Oldenburg, Reinbek bei Hamburg 1989

Eberhard Puntsch, Zitatenhandbuch Band 1 (1965) und 2 (1993)

Eberhard Puntsch, Witze, Fabeln, Anekdoten, 1968

Rudolf Reiser, Buchendorfer Verlag, Kardinal Michael Faulhaber. Des Kaisers und des Führers Schutzpatron, München 2000

Rousseau, Jean-Jacques, Vom Gesellschaftsvertrag oder Grundlagen des politischen Rechts, Frankfurt am Main/Leipzig 1996

Schröder, Gerhard, Und weil wir unser Land verbessern. 26 Briefe für ein modernes Deutschland, Hamburg 1998

George Bernard Shaw, Gesamtwerk, Frankfurt am Main 1967

Oswald Spengler, Gedanken, München

Alexis Graf von Tocqueville, Auswahl aus Werken und Briefen, Zweite, neubearbeitete und erweiterte Auflage, übersetzt und hrsg. von Siegfried Landshut, Köln/Opladen 1967

Hermann Weber, Hrsg.: Lenin, Aus den Schriften 1895–1923, München 1980

Wilder Thornton, Der achte Schöpfungstag, Frankfurt am Main

Stichwortverzeichnis

Bitte beachten Sie
die folgenden Seiten